刑辩一年级 2
刑诉法基础

江溯　于靖民　主编

北京大学出版社
PEKING UNIVERSITY PRESS

图书在版编目(CIP)数据

刑诉法基础 / 江溯,于靖民主编. —北京:北京大学出版社,2024.1
(刑辩一年级;2)
ISBN 978-7-301-34632-7

Ⅰ.①刑… Ⅱ.①江… ②于… Ⅲ.①刑事诉讼法—基本知识—中国 Ⅳ.①D925.204

中国国家版本馆 CIP 数据核字(2023)第 220070 号

书　　　名	刑辩一年级2:刑诉法基础 XINGBIAN YINIANJI 2:XINGSUFA JICHU
著作责任者	江　溯　于靖民　主　编
责 任 编 辑	周　希　方尔埼
标 准 书 号	ISBN 978-7-301-34632-7
出 版 发 行	北京大学出版社
地　　　址	北京市海淀区成府路 205 号　100871
网　　　址	http://www.pup.cn　http://www.yandayuanzhao.com
电 子 邮 箱	编辑部 yandayuanzhao@pup.cn　总编室 zpup@pup.cn
新 浪 微 博	@北京大学出版社　@北大出版社燕大元照法律图书
电　　　话	邮购部 010-62752015　发行部 010-62750672 编辑部 010-62117788
印 刷 者	大厂回族自治县彩虹印刷有限公司
经 销 者	新华书店
	650 毫米×980 毫米　16 开本　15.75 印张　221 千字 2024 年 1 月第 1 版　2024 年 1 月第 1 次印刷
定　　　价	59.00 元

未经许可,不得以任何方式复制或抄袭本书之部分或全部内容。
版权所有,侵权必究
举报电话:010-62752024　电子邮箱: fd@pup.cn
图书如有印装质量问题,请与出版部联系,电话:010-62756370

作者简介

李奋飞　中国人民大学法学院教授
郭　烁　中国政法大学诉讼法学研究院教授
郑　曦　北京外国语大学法学院教授
周洪波　西南民族大学法学院教授
冯俊伟　山东大学法学院教授
高　洁　首都经济贸易大学法学院副教授
吉冠浩　北京航空航天大学法学院副教授
董　坤　中国社会科学院法学研究所研究员
吴洪淇　北京大学法学院研究员
褚福民　中国政法大学证据科学研究院副教授
门金玲　中国社会科学院大学法学院副教授
赵　恒　山东大学法学院副教授
高　通　南开大学法学院教授
熊晓彪　中山大学法学院助理教授

主编序

《刑辩一年级1:刑法基础》《刑辩一年级2:刑诉法基础》是北京大学法学院、盈科律师事务所与北大法宝学堂于2020年9月至12月举办的同名线上公益课程的实录。之所以取名为"刑辩一年级",其意在表明该课程的主要对象是那些刚刚走上刑辩道路的初级律师,以及有志于从事刑辩工作的法科学生。刑事正义是一个国家的底线正义,而刑辩律师正是底线正义最有力的维护者,"为人辩冤白谤,是第一天理",亦为刑辩律师之天职。近二十多年来,随着中国特色社会主义法治体系的不断完善,刑辩事业也获得了长足的发展,为维护犯罪嫌疑人、被告人的合法权利作出了重要贡献。但同时我们也发现,刑辩律师的整体水平、专业化程度可能还无法完全满足刑事法治发展的要求。有鉴于此,我们于2020年下半年共同发起了由27位知名法学院校的中青年学者主讲、26位盈科青年律师主持的刑法基础课和刑诉法基础课系列线上公益课程。我们希望为广大的初级刑辩律师以及对刑辩工作有兴趣的法科学生提供一个系统的、基础性的刑辩课程。本套书的出版,正是对"刑辩一年级"课程的一个完整回顾。虽然离该课程的首场直播已经三年多,但我们依然相信,不断夯实刑法和刑诉法的理论基础,才是实现刑辩专业化的重要前提。

虽然"刑辩一年级"课程的主讲人均为国内知名的中青年学

者，但26场讲座的主题并非由这些学者自我命题，而是来自盈科律师事务所的刑辩律师同仁。在筹备课程的过程中，我们决定不采取"自上而下"（从理论中选题）而是采取"自下而上"（从实践中选题）的选题方式，即在盈科全国刑事诉讼法律专业委员会的领导下，由盈科律师事务所的刑辩律师们根据他们丰富的工作经验，挑选出26个重点疑难的刑法和刑诉法问题，然后针对性地邀请对特定主题有研究专长的学者担任主讲人。我们认为，这种"消费者导向"（刑辩律师导向）的课程组织方式能更加有的放矢，从而实现帮助初级刑辩律师在执业初期打下良好刑法和刑诉法基础的目标。

我们衷心感谢为"刑辩一年级"课程授课的27位中青年学者，没有他们的辛苦付出，该线上公益课程不可能赢得广大观众朋友们的普遍赞誉。我们同时感谢26位担任主持人的盈科律师事务所的律师同仁。实际上，在每一场的讲座中，各位主持人都发表了非常精彩的评论或总结意见，但由于图书出版的惯例，我们未能收录他们的真知灼见，在此谨向他们表示诚挚的歉意。感谢"法宝学堂"和"燕大元照"微信公众号为该系列讲座提供的直播和宣传服务。最后，感谢北京大学出版社蒋浩副总编、杨玉洁主任及责任编辑周希、方尔埼老师对本套书出版给予的大力支持。我们希望通过共同的努力，能够为我国刑事法治的发展略尽绵薄之力。

江溯　赵春雨
2023年9月23日

目 录

第一讲 论"交涉性辩护" / 001
　　一、交涉性辩护的前提 / 002
　　二、交涉性辩护的场域 / 002
　　三、交涉性辩护的目标 / 004
　　四、交涉性辩护的展开 / 005
　　五、交涉性辩护的困境 / 007
　　六、交涉性辩护的未来 / 009
　　七、结语 / 010

第二讲 "捕诉合一"背景下刑事辩护的机遇与挑战 / 011
　　一、"捕诉合一"还是"捕诉分离" / 011
　　二、争鸣：捕诉关系应如何配置？ / 013
　　三、"捕诉合一"视野下的刑事辩护 / 017

第三讲 监察法与刑事诉讼法的衔接 / 021
　　一、监察法制定与刑诉法修改 / 021
　　二、程序的衔接 / 026
　　三、证据的衔接 / 033

第四讲　疑罪从无及其在刑事辩护中的有效运用 / 39

　　一、疑罪从无之艰难 / 39

　　二、中国刑事证明制度与实践的独特性 / 43

　　三、"疑案"的意涵及基本类型 / 49

　　四、疑罪从无在中国刑事审判中的规则表现 / 54

　　五、疑罪从无的辩护思路与技术 / 58

第五讲　证据能力与证明力的实务判断 / 63

　　一、证据能力与证明力概念厘清 / 63

　　二、证据能力的审查判断 / 65

　　三、证明力的合理评价 / 72

第六讲　非法证据排除规则在辩护中的运用 / 79

　　一、排非规则在证据法体系中的定位 / 80

　　二、排非规则的适用范围 / 84

　　三、如何启动排非程序 / 98

　　四、如何说服法官排非 / 105

　　五、排非没有成功怎么办 / 111

第七讲　证据印证规则在辩护中的运用 / 113

　　一、证据印证规则的精义 / 113

　　二、证言印证规则的具体运用 / 116

　　三、口供印证规则的具体运用 / 121

第八讲　证据补强规则在辩护中的应用 / 129

一、补强规则的基本内容 / 129

二、中国口供补强规则的内部结构 / 131

三、口供补强规则在辩护中的运用思路和方法 / 142

第九讲　鉴定规则在刑事辩护中的应用 / 145

一、从两起案件谈鉴定意见辩护 / 145

二、鉴定意见审查的基本法律框架 / 150

三、鉴定意见的质证要点和方法 / 157

四、总结：律师如何对鉴定意见进行有效的辩护？/ 164

第十讲　刑事推定在辩护中的作用 / 167

一、问题的提出 / 168

二、基于刑事推定要素和特征的辩护思路 / 173

三、基于刑事推定的结构和效力的辩护思路 / 179

四、基于刑事推定的功能和程序的辩护思路 / 185

五、运用刑事推定规则的四个建议 / 188

第十一讲　二审辩护的要旨 / 191

一、引子 / 191

二、一审与二审辩护的不同 / 193

三、吃透一审判决书事实认定与法律评价的逻辑 / 198

四、在一审审理程序和卷宗证据中找辩点 / 203

五、二审开庭审理 / 204

六、其他与一审无异的辩护技术 / 205

第十二讲　未成年人犯罪案件辩护的特定问题 / 207
  一、"未成年人犯罪"的刑事法和相关规范界定 / 208
  二、未成年人犯罪案件的趋势与特征 / 209
  三、未成年人犯罪案件辩护的疑难争议 / 214
  四、未成年人犯罪案件辩护的若干期待 / 223

第十三讲　当事人和解在辩护中的运用 / 227
  一、当事人和解的构成要件 / 227
  二、当事人和解对定罪量刑及刑事诉讼程序的影响 / 230
  三、当事人和解在辩护中的适用 / 236

第一讲
论"交涉性辩护"

李奋飞*

认罪认罚从宽制度的推行给律师辩护带来了新的契机,也带来了新的挑战。与检控方在法庭上的"唇枪舌剑""你来我往"的平等交锋不同,"交涉性辩护"更多地表现为与检察机关在审前程序中尤其是审查起诉环节的沟通、协商和对话。在认罪认罚从宽制度改革推行以前,律师虽然也会在审查起诉环节与检察官进行沟通、协商和对话,但往往很难产生实质性的法律效果,甚至可以与"自然意义上的辩护"等量齐观。尤其是在那些被追诉人不认罪的案件中,由于控辩双方的关系框架整体上是对抗性的,控辩双方的沟通、交涉、协商往往是没有基础和前提的。可以说,正是认罪认罚从宽制度全面推行,使得辩护方在量刑问题上拥有了与检控方进行协商的一定空间,律师进行交涉性辩护的热情也逐渐高涨。这种交涉性辩护所追求的诉讼目标,已经不是削弱乃至推翻检察机关的指控,而是为了让控方能够在被追诉人认罪认罚的前提下及时终结诉讼,或在提起公诉的情况下向法庭提出较为轻缓的量刑建议,从而让被告人获得更为有利的量刑结果。接下来,本讲结合之前的研究《论"交涉性辩护"——以认罪认罚从宽作为切入镜像》,主要从交涉性辩

---

* 中国人民大学法学院教授。

护的前提、场域、目标、展开、困境以及未来六个方面进行或详或简的阐述与分析。

一、交涉性辩护的前提

如果说"对抗性辩护"的前提是被追诉人不认罪因而控辩双方存在对立的诉讼目标,那么交涉性辩护的前提则是被追诉人已然自愿认罪因而控辩双方已不存在根本诉讼立场冲突。所谓"认罪",是指被追诉人自愿如实供述自己的罪行,对指控的犯罪事实没有异议,并不要求其认可检察机关指控的罪名。"认罪"的核心问题是自愿性。自愿性不仅在认罪认罚从宽制度中居于核心地位,也是这种交涉性辩护得以进行的正当性根据。在司法实践中,被追诉人违心认罪至今依然是困扰司法机关的关键问题。虽然理论界对何为自愿以及相应标准尚存在不同的认识,但律师在对被追诉人认罪的自愿性问题进行判断时,应首先了解其是否有被强迫自证其罪的情况。此外,还应向被追诉人确认其是否了解认罪的法律性质和后果。否则,即使被追诉人主动选择了认罪,亦有可能只是一种虚假的自愿。因此,律师在选择交涉性辩护之前,应当与被追诉人进行充分沟通,并向其了解在认罪之前,其是否遭受过侦查人员的刑讯逼供、威胁、引诱和欺骗等,是否得到了充分的信息告知和权利告知,是否了解基本案情、行为性质以及认罪之后可能面临的后果。

二、交涉性辩护的场域

随着"以审判为中心"、认罪认罚从宽制度等司法改革举措的深入推进,刑事案件的办理方式将日益呈现两个"互斥共存"的程序格局,即"以庭审为重心"和"以审查起诉为重心"。其中,认罪认罚从宽案件是"以审查起诉为重心"的典型。虽然,认罪认罚从宽制度的适用,并没有任何程序阶段的限制,即被追诉人在侦查、审查起诉和审判阶段都可以选择认罪认罚程序,但是,犯罪嫌疑人在侦查阶段虽然可以自愿认罪,也可以表态接受处罚,公安机关却不得对其作出具体的从宽承诺。如果说侦查阶段可以被看作是认罪认罚从宽制度的预备程序,那么审查起诉阶段则大体上可以被认定为认罪认罚从宽制度的实施程序。这是因为,认罪认罚从宽制度实施的诸多关键环节,诸如听取犯罪嫌疑人、辩护人或者值班律师的意见,在辩护人或者值班律师在场的情况下签署认罪认罚具结书,就主刑、附加刑、是否适用缓刑提出量刑建议等,都是在审查起诉阶段完成的。至于认罪认罚案件的司法庭审,已经不再是抑或者不主要是通过控辩双方的举证、质证和辩论,实现对案件事实的准确认定,并在此基础上正确适用法律,而是或者基本上是通过审查认罪认罚的自愿性和认罪认罚具结书内容的真实性、合法性,来当庭完成司法裁判活动。可以说,认罪认罚案件的庭审样态已经具有了较为明显的"确认性",至少已不太可能对定罪问题进行实质化审理。而对于量刑问题,人民法院虽然要对认罪认罚具结书和量刑建议书进行审查,但是,除出现被告人不构成犯罪或者不应当追究刑事责任、被告人违背意愿认罪认罚、被告人否认指控的犯罪事实、起诉指控的罪名与审理认定的罪名不一致等情形外,"一般应当采纳"人民检察院指控的罪名和量刑建议。认罪认罚案件程序重心的转移,要求律师辩护的重心也要随之转移。对于认罪认罚案件而言,审前程序尤其是审查起诉环节的辩护实际上具有非常重要的意义。

三、交涉性辩护的目标

如前所述,作为认罪认罚从宽制度推行后可能兴起的一种辩护形态,交涉性辩护的前提是被追诉人选择了自愿认罪,辩护律师也放弃了无罪辩护。辩护律师不仅不再进行无罪辩护,通常也不再对检察机关指控的罪名提出异议,更不会就侦查程序的合法性向检察机关提出挑战。从这个意义上讲,交涉性辩护大体上可被看作是一种审前程序中的量刑辩护。这种量刑辩护并非为了论证公诉方的某个量刑情节不成立,而是为了通过对话、协商、沟通等方式,说服检察机关基于被追诉人已经认罪的事实,对其作出不起诉处理,或向法庭提出更为轻缓的量刑建议。

由于法律明确要求检察机关在认罪认罚从宽案件中听取辩护方的意见,并在辩护人或值班律师在场见证的情况下签署"认罪认罚具结书",因而认罪认罚具结书的签署过程,又可以被看作是控辩双方达成"合意"的过程。也正因为如此,认罪认罚案件中的量刑建议已不再是检察机关职权运作的单方意见,而应是在充分听取犯罪嫌疑人、辩护人或者值班律师等诉讼参与人意见的基础上提出,并最终得到犯罪嫌疑人、被告人认可的共同意见。可以说,量刑建议是控辩双方通过意见听取和意见表达等互动方式就量刑问题协商达成的"合意"。《关于适用认罪认罚从宽制度的指导意见》第33条第1款也明确规定:"……人民检察院提出量刑建议前,应当充分听取犯罪嫌疑人、辩护人或者值班律师的意见,尽量协商一致。"正是因为认罪认罚具结书带有协议书的性质,其对控辩双方才会产生约束力。对于检察机关而言,在被追诉人签署认罪认罚具结书之后,必须按照认罪认罚具结书所确定的量刑方案来提出量刑建议。可见,就总体而言,交涉性辩护的目标是律师在审查起诉环节通过沟通、协商与对话,让检察机关提出更加轻缓的量刑建议。

当然,在一些极其例外的情况下,即使是对于被追诉人已然认罪认罚的案件,律师也有可能需要进行对抗性辩护,即提出无罪辩护意见。这种无罪辩护,虽不影响认罪认罚具结书的法律效力,但通常很难达到预期的效果,甚至还可能造成已认罪认罚的被追诉人难以获得应有的量刑优惠。因此,遇到这种情况时,律师应与被追诉人进行充分的沟通和协商,告知其认罪认罚和无罪辩护各自的利弊得失,并帮助其作出理性的选择。如果其坚持认罪认罚,拒绝辩护人作无罪辩护,律师要么尊重被追诉人的意愿,要么协商退出辩护。只有在被追诉人坚持认罪认罚,但也不反对律师作无罪辩护的情况下,律师才可以进行无罪辩护。

四、交涉性辩护的展开

与检察机关就量刑问题进行积极的沟通、协商、对话,以说服检察机关作出较大幅度的量刑减让,这是律师进行交涉性辩护的基本方式。为确保己方的量刑观点(量刑种类和量刑幅度)能够被检察机关采纳,辩护律师除了可以对那些不利于被追诉人的量刑情节的可靠性问题发表意见,还可以通过会见、阅卷、调查等途径发现并向检察机关提出新的有利于被追诉人的证据、事实、情节和线索。总之,辩护律师要想成功地说服检察官作出更大幅度的量刑减让,需要有量刑协商的筹码。在缺乏协商筹码的情况下,辩护律师要想让检察机关作出妥协和让步是非常困难的。实践中,不少律师面对检察机关提出的量刑建议,只能表达情绪性的、单纯的意志,不能给出有效的回应,往往无法为被追诉人争取到更加轻缓的量刑。通常而言,辩护律师可以从以下几个方面展开交涉性辩护:

(一)挖掘和提出新的量刑信息

由于受到以法定主义为主的职权行使原则的限制,即使是对量刑问题的协商,检察机关仍然要依照刑法、刑事诉讼法的基本原则,严格按照证据裁判的要求,并根据犯罪的事实、性质、情节和对社会的危害程度,结合法定、酌定的量刑情节,综合考虑认罪认罚的具体情况,依法决定是否从宽、如何从宽,确保量刑建议能够满足"该宽则宽,当严则严,宽严相济,罚当其罪"的要求。否则,难以被审判机关采纳。因此,检察机关提出的量刑建议必然是基于其所掌握的量刑信息。但检察机关所掌握的信息时常是不全面的甚至是不准确的。如果律师能够挖掘出新的有利于被追诉人的量刑信息,特别是诸如犯罪嫌疑人、被告人主观恶性和社会危害性较小、没有前科劣迹、具有悔过表现、家中有需要其赡养的老人或者抚养的孩子、被害人存在过错并已获得赔偿等酌定量刑信息,就可能促使检察机关调整其量刑建议,进而提出对犯罪嫌疑人、被告人更为轻缓的量刑建议。

(二)指出办案机关存在的程序瑕疵

如果辩护律师通过会见、阅卷等方式发现,侦查人员在办案过程中存在非法取证或程序瑕疵,可以将此作为筹码与检察机关沟通。如果检察机关认可律师的意见,并愿意在量刑上作出更大的让步,律师可以明确放弃排除非法证据的申请,不再对侦查过程中的程序瑕疵提出意见,以和检察机关保持必要的张力,从而促使检察机关在权衡利弊后做出必要的量刑妥协。

(三) 进行必要的沟通与斡旋

尽管认罪认罚从宽制度的适用并不以被害人谅解为前提,但是检察机关在提出量刑建议时,却不会忽视对被害人权益的保障,检察机关可能会考量被害人受害后的生理和心理创伤,犯罪行为给被害人带来的负面影响,被害人对犯罪嫌疑人、被告人的态度等量刑情节,如果犯罪嫌疑人、被告人已通过赔偿损失、赔礼道歉等方式获得了被害人谅解,检察机关显然会将犯罪嫌疑人、被告人赔偿损失、赔礼道歉以及获得被害人谅解的情况作为提出量刑建议的重要考虑因素。因此,对于有被害人的案件,辩护律师要努力通过自己的沟通斡旋工作促成被害人对犯罪嫌疑人、被告人的谅解,以确保检察机关能够放心地提出更加轻缓的量刑建议。此外,辩护律师也要与犯罪嫌疑人、被告人的家属做好沟通工作,防止其实施暗中串供,干扰证人作证、毁灭、伪造证据或者隐匿、转移财产,有赔偿能力而不赔偿损失等行为,以至于案件不能适用认罪认罚从宽制度。

五、交涉性辩护的困境

交涉性辩护所面向的不是作为中立裁判者的审判机关,而是作为法律监督机关并享有不起诉、量刑建议等多项权能因而处于较为强势地位的检察机关,而被追诉人通常没有能力聘请律师,值班律师本来应为认罪认罚案件中的辩护人,以维护被追诉人的权利,确保认罪的自愿性、明知性和明智性为目的,但其目前却普遍存在"见证人化"的问题,这导致辩护方的交涉能力极其低下,根本无法对检察机关的量刑建议产生实质性的影响。加上刑事诉讼法并未明确控辩双方的协商、沟通机制,导致辩护方的交涉渠道不畅通。这一切都成了交涉性辩护的发展瓶颈。

(一)交涉对象过于强势

检察机关在认罪认罚案件中扮演着主导者的角色。在检察机关占据主导地位的时空维度里,如果其不能秉持客观立场,交涉性辩护的进行将变得极为困难,甚至根本就没有生存土壤。毕竟,无论被追诉人是否聘请了辩护律师,也无论该辩护律师是否擅长沟通、协商、对话,面对"胜券在握"且短时间很难摆脱天然强势惯性的检察机关,交涉主体很难拥有讨价还价的余地。

(二)交涉能力极为有限

通常案件在进入审查起诉程序之后,绝大多数被追诉人已经向控诉方作了有罪供述,而一旦有了该供述,案件往往已经达到事实清楚、证据确实充分的要求。在此背景下,辩护方与检控方就量刑问题进行协商,并不能以"认罪"为交涉筹码换取检察机关在量刑建议上的进一步退却。因为,在被追诉人已然"认罪"的情况下,是否"认罚"(同意量刑建议)对检察机关来说很多时候意义并不大,无非是被追诉人如果不"认罚"的话,不能适用"速裁程序"进行审理而已。但这并不会浪费更多的司法资源,也不会给检察机关带来办案压力。因此,对于已经"认罪"的被追诉人而言,拒绝签署认罪认罚具结书,通常并不能成为其赖以和检察机关进行交涉的筹码。这或许是中国认罪认罚从宽制度与英美辩诉交易制度存在的最大不同,辩护方受制于交涉能力,无法对检察机关的量刑建议产生实质性的影响。

(三)交涉机制严重缺失

"认罪认罚具结书"的签署程序,虽然可以被视作是交涉性辩护重要的机制保障,但是在司法实践中,由于缺乏机制保障,被追诉人面对检察机关事先拟定的条件,往往只能选择接受或者拒绝,并没有机会与检察机关讨价还价。

六、交涉性辩护的未来

要让交涉性辩护取得较为理想的效果,从而实现认罪认罚案件的有效辩护,除了应实现交涉对象即检察官的司法官化、继续推进以审判为中心的诉讼制度改革,从而为交涉性辩护的展开营造良好的外部环境,还应通过保障包括被追诉人获得有效的律师辩护在内的诸多途径提升辩护方的交涉能力。如果不能获得有效的律师辩护,处于弱势地位甚至丧失了人身自由的被追诉人不仅无法就量刑问题与处于主导乃至强势地位的检察机关进行平等的沟通和协商,从而促使检察机关提出更为轻缓的量刑建议,并最终获得更多的量刑优惠,而且还会因认识能力和法律素养等方面的欠缺,无法正确地理解认罪认罚和程序简化的法律后果,以至于只是看起来"自愿"认罪认罚。因此,值班律师制度亟待进行系统化改造。为今之计,需要尽快明确值班律师的辩护人身份,赋予并保障值班律师会见、阅卷及量刑协商等诉讼权利,以保障其能够尽职尽责地维护被追诉人的合法权利。此外,为了提升辩护方的交涉能力,未来刑事诉讼立法还可以考虑赋予被追诉人以沉默权、阅卷权等权利。

七、结语

如前所述,随着认罪认罚从宽制度的深入推进,认罪认罚案件的程序重心开始前移到了审查起诉阶段。在以公检法三机关分阶段审查把关案件为基调的刑事诉讼架构下,一种由检察机关主导并以听取辩护方的意见为主要协商方式的量刑协商机制,开始成为中国刑事诉讼的新常态机制。而作为控辩协商一致之产物的量刑建议,又被刑事诉讼法赋予了"一般应当"被审判机关采纳的特别效力。这一切,无疑都对中国刑事司法的未来走向产生了极为深远的影响,并会引发诸多新的问题。如不久前引发了沸沸扬扬的争议的余金平交通肇事案[1],就关系到量刑建议与量刑裁决良性互动问题。而这种良性互动,不仅关乎被追诉人认罪认罚后"从宽"利益的兑现,也关乎认罪认罚从宽制度的内生动力,甚至还关乎认罪认罚案件中检法关系的未来走向。至于该案涉及的诸如二审法院是否受"上诉不加刑"原则约束的问题,也只是刑事诉讼法学中的常识,通过正确的解释并不难解决。而该案背后所隐含的诉权与裁判权的关系问题,则需要我们在推进认罪认罚从宽制度时给予应有的重视。当然,其最终解决不可能一蹴而就,而需要控辩审三方在未来的实践中不断磨合和反复博弈。人为的理性建构当然不可忽视,但演进理性主义却时常同我们开不大不小的命运玩笑。或许,当建构理性与演进理性能够形成合力时,形成理想意义上的控辩审三方的互动关系在认罪认罚案件中,也就为期不远了。

---

[1] 北京市第一中级人民法院(2019)京01刑终628号刑事判决书。

第二讲
"捕诉合一"背景下刑事辩护的机遇与挑战

郭 烁[*]

本讲内容主要分为三个部分,分别是:"捕诉合一"与"捕诉分离"的内涵与外延、关于"捕诉合一"的争论焦点、"捕诉合一"对刑事辩护的影响。

一、"捕诉合一"还是"捕诉分离"

(一)检察机关批捕权配置模式的历史沿革

"捕诉合一"其实不是一个新鲜的话题。自1978年我国检察机关恢复建制以来,检察机关内部大多是"捕诉合一"的。1979年,审查批捕与审查起诉、侦查监督、刑事审判监督职能调整由刑事检察厅负责;1996年全国检察机关第二次刑事检察工作会议提出进行机构改革,分设审查批捕厅和审查起诉厅;2000年后上述机构更名,审查批捕厅改名为侦查监督厅,审查起诉厅更名为公诉厅。

真正意义上的捕诉分离是从1999年才开始的。但有一些地方也在探索"捕诉合一",例如深圳市人民检察院于2000年开始实行

---

[*] 中国政法大学诉讼法学研究院教授。

"捕诉合一"制度试点,由于人员条件、配套机制不完备,最终失败。可以说,1978年检察机关复建之后的近二十年里,审查批捕权与公诉权始终是一个内设机构所行使的两项职权,刑事检察部门统一审查逮捕、审查起诉,存在权力过于集中、内部监督缺失、侦查监督乏力等问题。为了解决上述问题,2015年至今,吉林、湖北、海南、广东等省份确定了试点院实行"捕诉合一"改革,出现"因事设部"新动向,设立了"轻罪案件检察部""网络电信犯罪案件检察部",推进以审判为中心的诉讼制度改革,落实司法责任制。截至2020年,内设机构又大致调回1979年模式,侦查监督与公诉职能合并至以案件类型划分的若干检察厅行使。

(二)"捕诉合一"与"捕诉分离"的含义

所谓"捕诉合一",就是遵循"谁批捕,谁起诉"的原则,由检察机关内部同一职能部门负责审查批捕和审查起诉工作,并依法履行相关法律监督职能的办案工作机制,其目的在于使起诉统率侦查,侦查服务于起诉,打破检察机关分开办理侦查监督案件和公诉案件的格局。"捕诉分离"则恰好相反,批准逮捕与公诉两项权力由两个独立的部门分别行使,旨在防止权力过于集中而监督失衡。

(三)"捕诉合一"与"捕诉分离"的分析

"捕诉分离"重在落实监督,从程序上对案件进行层层把关。刑事案件涉及公民的财产权、人身自由乃至生命权,审查批捕和提起公诉分离符合复杂的刑事案件事实判断逻辑顺序,层层把关能够使办案质量得到保障。"捕诉分离"在法律制度不完备、律师制度不够发达、国家和公民法律意识相对薄弱的情况下,为我国司法体制贡献颇丰。但是,在"捕诉分离"的过程中,也存在一些问题,比如:①存在交叉职权的问题,造成大量工作的重复,公诉部门需要把大多数审查批捕部门已经做过的工作再做一遍,造成人力、物力的浪费以及审限过长;②捕诉分离不利于缩短侦查期限,从而导致犯罪嫌疑人、被告人的羁押期偏长;③使得看守所超负荷收押,进而导致看守所羁押环境恶劣;等等。

"公诉引导侦查,提高诉讼效率"是"捕诉合一"的制度价值之一。从"捕诉合一"到"捕诉分离"再到"捕诉合一"的改革现实本身说明"捕诉合一"具有一定的生命力。而且"捕诉合一"制度也有诸多优势,比如:①防止捕诉工作脱节,办案人通过直接接触公安机关,可以适时引导案件侦查,调控案件侦查方向;②统一检察机关内部办案标准,批捕阶段即可对案件实质审查,减少补侦、退侦的次数,减少羁押时间,提高工作效率;③刑事案件进入报捕程序即可对该案进行全程的法律监督,引导侦查方向和监督。但"捕诉合一"也存在一些问题,比如:①检察机关难以保持中立,容易产生"当事人主义",案件审前程序有限,行政决策影响过大;②检察官独立审批权不受约束,不利于提高批捕办案的质量和检察机关工作人员自身的工作素质;等等。

二、争鸣:捕诉关系应如何配置?

(一)"捕诉合一"为什么不可行

概括而言,学界对"捕诉合一"的指摘主要集中在如下方面:

其一,"捕诉合一"可能进一步弱化必要性条件在逮捕中的地位,以抽象危险作为逮捕依据的倾向恐会加重,影响批捕的中立性。

为了降低羁押率,2012年《刑事诉讼法》进一步明确了逮捕的社会危险性条件,但是实践中仍然存在"构罪即捕"等问题。而"捕诉合一"模式之下,行使公诉职能的检察官负责审查批捕,其将更为看重逮捕的证据标准,一定程度上架空了社会危险性要件在审查批捕中的比重,"构罪即捕"的问题或将更加严重。

其二,"捕诉合一"可能加重逮捕的异化,使逮捕成为一种积极取证的手段。逮捕的功能在于保障诉讼活动顺利进行,实务中羁押率较高的原因之一即为逮捕功能的错位定位——将逮捕视为取证手段之一。"捕诉合一"改革或将加剧这一错误观念。由承担公诉职能的检察官负责审查批捕,在检察官眼里,证据的扎实程度将成为衡量案件质量的重要指标,而逮捕措施无疑有利于取证活动的高效进行,因此"捕诉合一"之下,逮捕保障刑事诉讼程序顺利进行的功能可能会发生异化,成为保障调查取证的手段。

其三,对于干预公民基本权利的强制处分行为,理论上应当遵循权力分立原则,甚至对于逮捕等干预程度较高的强制行为,应当引入司法审查机制。而"捕诉合一"可能会弱化逮捕作为中国现存的唯一的弱司法审查的性质。我国的刑事诉讼强制措施"缺少三条腿",即:①强制措施只针对人身,且除逮捕外的强制措施都不接受司法审查;②针对公民财产的强制性措施规定在"查封、扣押物证、书证"章节,查封、扣押、冻结等措施作为侦查机关的职权不需要接受司法审查;③强制措施的规定缺少对隐私的保护,《刑事诉讼法》第150条第1款规定技术侦查措施必须经过"严格的批准手续",但什么是严格的批准手续本身也是有解释空间的。就逮捕而言,《刑事诉讼法》第3条规定逮捕由公安机关执行,审查批捕权由检察机关行使,其实便带有弱司法审查的性质。但"捕诉合一"改革使得带有追诉性质的公诉机构行使审查批捕职能，无疑弱化了审查批捕权的司法审查性质。

其四，逮捕的适用必须遵守法律的严格限制，"捕诉分离"在最低限度上维持了公民人身自由问题上的"借贷关系"。作为唯一接受司法审查的强制措施，"捕诉合一"将逮捕与公诉直接联系起来，十分不合理。

其五，批捕职能一定要独立出来，回不去的是"捕诉合一"，中间阶段的是捕诉分离，最终独立于控诉方。

其六，"捕诉合一"不符合国际公认的刑事司法公正标准，不利于解决跨国犯罪、追捕等问题。

（二）"捕诉合一"为什么可行

另有观点认为，"捕诉合一"符合当下司法改革规律，是可行的。

其一，逮捕制度的完善，应当重程序设计而非重机构归属。作为限制人身自由的强制措施，逮捕的适用要遵守严格的法律保留原则，在域外国家或地区，羁押的适用大多恪守严格的司法官保留原则。我国司法实践中的高羁押率与高逮捕率，并不能完全归责于"捕诉合一"，"捕诉分离"也不能完全解决羁押制度现实存在的诸多问题。我国高羁押率问题的关键点不在于批捕权给哪个机构审理，而在于批捕的程序是怎样的。批捕权是为了实现一定的程序目的而剥夺公民人身自由的裁决权，直接交由法院行使是一种过于简单化的想法——我国无预审制度，将逮捕审查权交给法院相当于强迫法官"做自己案件的法官"，同时，让法官对自己批捕的案件作出无罪判决是不可能也是不符合人性规律的。更为务实的思路应当是从程序保障的角度来思考逮捕制度改革，以一种"合于司法"的方式行使审查批捕权。

其二,"捕诉合一"并不意味着捕错了就将错就错。在司法责任制的语境下,检察机关"否定自己"是更明智的选择,对于因捕错而将错就错的担忧本就似是而非、经不起推敲,在以审判为中心的诉讼制度改革下,有的检察院开始以判决为标准倒推批捕质量问题,无论捕诉是分离还是合一,逮捕适用异化的问题都存在。不必说逮捕阶段,单是拘留阶段大量的取证工作已经完成。在美国,警察逮捕涉嫌重罪犯罪嫌疑人后,会立刻移交检察官,"立刻移交"的过程中会有大约14.4%的案子被检察官拒绝。[①] 逮捕后的24小时内,治安法官初次聆讯(initial appearance),告知相关权利,而本程序最大功能就在于允许申请保释。初次聆讯到预审之间,检察官又会撤掉部分案子。100件重罪案件,最终能够进入审判阶段的约68件,其余的案件大多被检察官自己"过滤"。[②] 该项实证研究表明检察官并非天然有入罪倾向,"捕诉合一"并不意味着检察官会对错捕的案件将错就错、一错到底。

其三,关于"捕诉合一"的合理性问题,北京大学法学院陈瑞华教授曾经发表了一篇名为《异哉!所谓"捕诉合一"者》的著名文章,其核心观点是:逮捕与公诉具有各自的诉讼功能与程序构造,因而具有独立的意义,捕诉分离格局的形成既有现实合理性又有历史必然性。这篇文章刚发表就引起了一时轰动,主要是因为陈瑞华教授在文中提出了四个观点:①"捕诉合一"会使检察机关对侦查机关的诉讼监督受到严重削弱。"捕诉合一"将两次监督变成单一的监

---

① 参见王禄生:《美国刑事诉讼案件过滤机制及其启示——以地方重罪案件为实证样本》,载《现代法学》2015年4期,第158页。

② 参见王禄生:《美国刑事诉讼案件过滤机制及其启示——以地方重罪案件为实证样本》,载《现代法学》2015年4期,第160页。

督,势必削弱对侦查活动的监督力度。②逮捕与公诉混为一谈,违背基本诉讼规律,否定逮捕的独立价值。逮捕的证明标准是"有证据证明犯罪事实",这大大低于公诉的标准。"捕诉合一"很可能使检察官将两者证明标准混同,导致逮捕标准过高或公诉标准过低。③"捕诉合一"使证据审查判断的两道工序合二为一,导致侦查质量下降。推行"捕诉合一"等于取消了审查批捕这一独立的把关机制,必然造成对侦查活动监督机制的弱化,对其办案质量审查能力的降低。④"捕诉合一"大大压缩犯罪嫌疑人及其辩护人的辩护空间,审判前的辩护流于形式。现有体制下,犯罪嫌疑人和辩护人有两次向检察机关提出辩护意见的机会。若推行"捕诉合一",他们就只能获得一次辩护机会,其辩护也难以兼顾逮捕条件与公诉条件。

三、"捕诉合一"视野下的刑事辩护

(一) 对审前辩护的影响

我国《刑事诉讼法》第88条第2款规定了辩护律师在批准逮捕前提出要求的权利,①但司法实践中公安机关、检察机关主观上非善意地解释法律条文,再加上没有相应的配套机制、程序保障辩护律师的权利实现,导致律师在审查批捕阶段很难发表辩护意见——律师连公安机关何时报捕都不清楚,遑论发表意见。

但在刑事辩护实务过程中,审前辩护是非常有必要的。从我国

---

① 《刑事诉讼法》第88条规定:"人民检察院审查批准逮捕,可以讯问犯罪嫌疑人;有下列情形之一的,应当讯问犯罪嫌疑人:(一)对是否符合逮捕条件有疑问的;(二)犯罪嫌疑人要求向检察人员当面陈述的;(三)侦查活动可能有重大违法行为的。人民检察院审查批准逮捕,可以询问证人等诉讼参与人,听取辩护律师的意见;辩护律师提出要求的,应当听取辩护律师的意见。"

实践中的不捕率、不诉率、无罪判决率来看,律师提早介入案件,能够更大概率地使得被追诉人获得自由(见表2-1)。在当下司法环境中,"实报实销"等做法尤为常见,这也迫使律师辩护重心前移。我认为,"捕诉合一"的改革可能会给律师的审前辩护带来以下三个方面的影响。

表2-1 2013—2018年全国刑事案件处理情况

年度	2013	2014	2015	2016	2017	2018	平均数
逮捕人数	879817	879615	873148	828618	1069802	1056616	931269
不捕人数	182246	201759	221761	132081	144534	284910	194548
不捕率	17.16%	18.66%	20.25%	13.75%	11.90%	21.24%	17.28%
起诉人数	1324404	1391225	1390933	1402463	1663975	1692846	1477641
不诉人数	67820	75487	76565	26670	28856	136970	68728
不诉率	4.87%	5.15%	5.22%	1.87%	1.73%	7.49%	4.44%
判决人数	1158609	1184562	1232695	1220645	1270141	1429000	1249275
判决无罪数	825	778	1039	1076	1156	819	948
判决无罪率	0.07%	0.07%	0.08%	0.09%	0.09%	0.06%	0.07%

第一,审查批捕的证据标准更为严格,理论上逮捕的证据门槛将变高。《刑事诉讼法》第81条第1款:"对有证据证明有犯罪事实,可能判处徒刑以上刑罚的犯罪嫌疑人、被告人,采取取保候审尚不足以防止发生下列社会危险性的,应当予以逮捕……"第176条第1款:"人民检察院认为犯罪嫌疑人的犯罪事实已经查清,证据确实、充分,依法应当追究刑事责任的,应当作出起诉决定……"数据显示,开展"捕诉合一"三年来,吉林省检察机关审前羁押率连续三年呈下降态势,分别为54.79%、51.58%和48.39%,试点较早的南关区等四个检察院,连续三年平均审前羁押率都比全省平均值低

13.62、8.73和8.84个百分点。这表明,"捕诉合一"使得检察官更倾向于以公诉标准判断"捕"或"不捕"。

第二,羁押必要性审查有所架空,申请变更强制措施更为困难。我国《刑事诉讼法》第95条规定了"羁押必要性审查":"犯罪嫌疑人、被告人被逮捕后,人民检察院仍应当对羁押的必要性进行审查。对不需要继续羁押的,应当建议予以释放或者变更强制措施……"实践中,申请变更强制措施也是辩护律师审前工作的重点,但对侦查质量扎实、实体明显构罪、无错误之虞的案件,为了便利后续起诉、防止任何可能的危险性、安抚被害人,承办检察官又有何理由不捕?

第三,"捕诉合一"或将压缩审查起诉阶段的辩护空间。"捕诉合一"改革推行之后,负责审查批捕的检察官更倾向于以公诉的标准判断逮捕与否,逮捕的社会必要性要件在判断是否羁押的权重中进一步弱化,这就意味着审查起诉阶段的辩护更集中于证据层面,辩护律师的辩护空间有所压缩。

当然,这里也存在一个值得思考的问题:如果在审查起诉时发现批捕可能不当、起诉风险较大时,承办检察官是主动认错、存疑不诉,还是承认瑕疵、微罪不诉,甚至拒不认错、强行起诉?这需要进一步探讨。

总而言之,"捕诉合一"使得律师提前介入变得尤为重要,律师越早介入,辩护效果越好。辩护重心适当前移,捕前辩护更为重要;在检察机关权力更为集中的现实背景之下,与办案检察官及时沟通尤为重要。律师还应当结合认罪认罚从宽制度的推进情况,在审查起诉阶段将辩护工作的重点放在"协商"上。

（二）辩护策略

结合上述分析，我建议辩护律师从以下层面把握"捕诉合一"改革对辩护的影响：

1. 要根据不同诉讼阶段及时调整辩护策略

在捕前阶段，辩护重点应围绕犯罪嫌疑人不符合逮捕条件，及定罪问题。在案件的审查起诉阶段，辩护律师应淡化定罪问题，重点与检察机关进行量刑方面的交流。

2. 在侦查阶段对律师的案情了解程度有了更高的要求

在"捕诉合一"的背景下，审查批捕阶段的辩护更为重要，但这一时期律师并不能阅卷，这就对律师案情掌握情况提出了更高的要求。尤其是在认罪认罚案件中，如何保障犯罪嫌疑人、被告人认罪认罚的自愿性是一个难题。要解决这个问题，第一，要最大程度降低羁押率，或者至少要降低轻罪的羁押率，原则上不羁押，否则所谓的"自愿认罪"很可能沦为"被迫自白"。第二，要建立健全证据开示制度，毕竟信息对称是协商的基础。

3. 视情况减少控辩对抗，加强控辩合作

"捕诉合一"背景下，辩护重心适当前移至审查批捕阶段，律师在不能阅卷的情况下，不妨转变策略，通过会见了解案件中对于犯罪嫌疑人可能有利的线索或者证据，然后将批捕阶段的辩护策略从过去的对抗性转变为指引性。这一点在认罪认罚制度大幅度推开的背景下尤其明显。

第三讲
监察法与刑事诉讼法的衔接

郑　曦[*]

本讲主要讨论以下几个话题：一是《监察法》制定和《刑事诉讼法》修改的背景与问题；二是两法在程序方面的衔接；三是两法在证据方面的衔接。

一、监察法制定与刑诉法修改

（一）监察法的立法背景

《监察法》的制定有一定的特殊背景，我们不能回避这种背景，所以先讨论《监察法》的背景，之后讨论监察委权力的基本属性、《监察法》的实施情况、《刑事诉讼法》随之而来的修改、《刑事诉讼法》修改后两法衔接的问题、两法衔接的基本思路以及整体问题。

首先是《监察法》的立法背景。很多人都说《监察法》横空出世，其实是不完全准确的。起初高层的思路是修改《行政监察法》，但是后来经过讨论研究，还是决定制定一部新的法律。

在制定法律之前，开展了一些试点的工作。从2016年11月开始，监察体制改革的试点就启动了。最开始是在北京、山西、浙江这几个省市进行试点，试点一段时间后，党的十九大要求把试点工作

---

[*] 北京外国语大学法学院教授。

向全国推开。① 2017年11月,全国人大常委会通过了《全国人民代表大会常务委员会关于在全国各地推开国家监察体制改革试点工作的决定》。试点一年多后,2018年3月,在第十三届全国人民代表大会第一次会议上,《监察法》以比较高的票数通过。

《监察法》制定的基本目标在于整合反腐败的资源力量。在《监察法》出台之前,反腐败的力量比较多头。党的纪委是一部分。检察机关作为刑事诉讼的重要机关,也承担了一定的职务犯罪侦查权,特别是反贪反渎部门,有反腐败的职责。行政监察也是一部分。这样一来就有一种力量分散的感觉。所以高层就想整合反腐败的资源,这是第一方面的想法。第二方面的想法是通过《监察法》的立法,加强党的集中统一领导,从而形成党政一体的反腐败机构。《监察法》通过后依据其第15条,可以实现对公职人员和有关人员的全覆盖。

(二)监察委权力的属性

《监察法》通过后,赋予了监察委专门的调查权。监察委行使的这种专门的调查权,到底是怎样的权力？在监察体制改革试点的过程中,对于监察委权力的属性是有争议的。一部分人根据修改《行政监察法》的思路,认为这是行政性的权力。还有一部分人,特别是刑诉的学者,认为监察委的专门调查权,至少其中一部分是刑事侦查权。因为监察委进行调查措施,包括谈话、讯问、询问、查询、冻结、调取、查封、扣押、搜查、勘验、检查、鉴定等,很大部分和《刑事诉

---

① 引自《习近平:决胜全面建成小康社会 夺取新时代中国特色社会主义伟大胜利——在中国共产党第十九次全国代表大会上的报告》中"深化国家监察体制改革,将试点工作在全国推开"。

讼法》规定的侦查措施是一样的。专门调查权的确定,明显学习、借鉴、参考了《刑事诉讼法》的规定。另外,还有学者认为专门调查权是刑事侦查权的同时兼具行政性权力和党的纪检权多重属性。[①]

然而,中央纪委副书记肖培说:"国家监察委员会不是司法机关,它的职责是监督、调查、处置,反腐败所涉及的重大职务犯罪也不同于一般的刑事犯罪,国家监察法因此就不能等同于刑事诉讼法,调查也就不能等同于侦查,所以不能将一般的对刑事犯罪的侦查等同于对腐败、贪污贿赂这种违法犯罪的调查。"[②]所以从官方的角度,可以称它为专门调查权。但是我们还是可以说专门调查权和刑事侦查权、行政性权力以及党的纪检权,有非常紧密的关系。

(三)监察法实施情况

关于《监察法》实施以来的效果。根据《中央纪委国家监委通报2018年全国纪检监察机关监督检察、审查调查情况》中的数据,2018年全国纪检监察机关运用"四种形态"共处理了173.7万人次。第四种形态立案审查的占比3.2%,一共是5.5万人次。《2019年最高人民检察院工作报告》指出,2018年3月以来,受理监察委移送职务犯罪16092人,已经起诉9802人,不起诉只有250人,另外有1869人退查。从这个意义上来看,监察委移送的案件,绝大多数检察机关作出了起诉处理,无论是不起诉率还是退查率,相较于以前都明显下降。根据《中央纪委国家监委通报2019年全国纪检监察机关

---

① 郑曦:《监察委员会的权力二元属性及其协调》,载《暨南学报(哲学社会科学版)》2017年第11期,第71页。
② 参见《肖培:监察体制改革是一项重大政治体制改革》,载中国共产党新闻网(ht-tp:cpspeople.com.cn/19th/nl/2017/1026/c414536-29610616.html),访问时间:2022年6月10日。

监督检察、审查调查情况》，全国纪检监察机关运用"四种形态"批评教育帮助和处理184.9万人次，第四种形态立案审查的占比只有3.7%，共6.8万人次。2019年前三季度，检察机关起诉环节处理职务犯罪1.5万人，起诉14484人，不起诉745人，不起诉率只有4.9%。[①] 因此，从《监察法》的实施情况来说，立案审查的占少数，比例在3%左右。移送检察机关审查起诉的，不起诉率很低。

（四）2018年《刑事诉讼法》修改

随着2018年《监察法》的通过，《刑事诉讼法》不得不进行修改。《监察法》通过后，检察机关的职能发生了很大的变化，反贪反渎人员转隶，检察机关的自侦权大大限缩。此外，还要考虑监察委调查结束移送审查起诉应当如何操作等问题。因此，2018年《刑事诉讼法》进行了一次被动式的修改。1996年《刑事诉讼法》的修改和2012年《刑事诉讼法》的修改，基本属于主动修改。2018年《刑事诉讼法》的修改是一种倒逼的修改。此次《刑事诉讼法》修改，整体来说指向非常明确，内容也很特定，主要包括三大部分。第一部分涉及《监察法》，有9个条文。第二部分涉及缺席审判，有7个条文。第三部分涉及认罪认罚从宽和速裁，有7个条文。其他内容没有特别大的变化。

在与《监察法》衔接方面，《刑事诉讼法》主要有以下变动。第一，检察院的侦查职能改变，修改了侦查管辖的案件范围，取消了特别重大贿赂案件中限制律师会见、适用指定居所监视居住的规定。

---

① 参见《2019年1至9月全国检察机关主要办案数据》，载中华人民共和国最高人民检察院官网（https://www.spp.gov.cn/spp/xwfbh/wsfbt/202110/t20211018_532387.shtml#1），访问时间：2023年9月2日。

第二,调整了检察机关技术侦查的决定权。这些都是为了与《监察法》衔接。

(五)两法衔接的基本思路

但是,现在两法衔接中仍然存在很多有争议、未解决的问题。因此两法衔接还是要明确一个基本思路。首先,从法律位阶来说,《监察法》和《刑事诉讼法》不存在谁优先于谁的问题,法律位阶上是同级的。其次,监察委行使监察权的时候,要参照刑事司法的标准,按照中央纪委国家监委网站上向泽选的文章所说:"要有参照刑事法标准的监察执法行动自觉……按照刑法关于各具体职务犯罪的构成要件标准收集相关证据……按照刑事诉讼法总则第五章和最高人民法院公布施行的《关于适用〈中华人民共和国刑事诉讼法〉的解释》第四章等相关规定确立的证据标准收集、固定、甄别和运用证据要对整个案件的证据进行综合分析判断,严格按照公诉标准或是刑事审判的标准……确保证明案件事实所需要的证据都已收集在案,证据之间的合理怀疑得到排除,并且能够形成相互印证的证据链。"[1]按照这样的基本思路,《监察法》的实施要参照刑事司法的标准,特别是要参照刑事审判的标准。

(六)两法衔接的整体问题

目前来看,两法衔接仍然需要一个循序渐进的过程,除立法外还有观念、制度、人员等方面的问题。

---

[1] 参见向泽远:《纪检监察工作如何实现法法衔接》,载中央纪委国家监委网站,(https://www.ccdi.gov.cn/lswh/lilun/201804/t20180425_170680.html),访问时间:2022年6月10日。

监察委要按照刑诉法的标准、刑事司法的标准,但到底是直接适用还是间接转化适用,同样需要明确。

监察委在我国的政治体制中非常强势,力量很强大,一府一委两院中,一委的首长的党内地位显然高于两院的首长。在此情况下,有没有可能出现下指标的情况?甚至说监察委办的案子,一律不允许退查,一律不允许不起诉,必须起诉?这些是要不得的,我们应当尊重办理案件的基本规律。

在规范层面上,因为2018年《刑事诉讼法》修改了,所以此前发布的《国家监察委员会与最高人民检察院办理职务犯罪案件工作衔接办法》应当废除。因为该规定与现行《刑事诉讼法》的规定存在冲突。

《刑事诉讼法》的修改,只是做了一个初步规定。在实际运行的过程中,《刑事诉讼法》的规定往往是比较粗线条的,最终的实施依靠司法解释和相关规范性文件,需要加强这方面的制度建设。另外,监察委内部有大量的不公开规定。同时,2019年全国人大常委会又授权国家监委制定监察法规的权力,所以在这个层面上,规范制度的建设,可能对两法的顺畅衔接起到非常关键的作用。

关于人员办案能力的问题。监察委中有一部分人从检察机关转隶而来,这部分人通过了司法考试。但是还有一部分人没有参加司法考试,其对刑事司法观念和规则的理解需要进行培训。只有解决这个问题后,非法证据排除规则才能够真正适用。

二、程序的衔接

两法程序性衔接的问题主要包括以下几个部分:管辖、立案、技术侦查、留置和强制措施的衔接、补充侦查、认罪认罚、对检察机关的其他影响。

关于两法的程序衔接,《刑事诉讼法》只规定了一个条文,就是第170条。其规定:"人民检察院对于监察机关移送起诉的案件,依照本法和监察法的有关规定进行审查。人民检察院经审查,认为需要补充核实的,应当退回监察机关补充调查,必要时可以自行补充侦查。对于监察机关移送起诉的已采取留置措施的案件,人民检察院应当对犯罪嫌疑人先行拘留,留置措施自动解除。人民检察院应当在拘留后的十日以内作出是否逮捕、取保候审或者监视居住的决定。在特殊情况下,决定的时间可以延长一日至四日。人民检察院决定采取强制措施的期间不计入审查起诉期限。"

(一)管辖

根据《监察法》第11条、第15条,监察委的管辖范围包括行使公权力的公职人员和有关人员。针对涉嫌滥用职权、玩忽职守等职务违法和职务犯罪的活动,都可管辖。其是以主体和事权相结合的方式来规定管辖范围,共管辖88个罪名。这样一来,留给检察机关自侦的罪名就有限了。

2018年11月,最高检公布了《关于人民检察院立案侦查司法工作人员相关职务犯罪案件若干问题的规定》,规定14个罪名可由检察机关立案侦查。对于司法工作人员利用职权实施的非法拘禁、刑讯逼供等犯罪案件可以由检察院立案侦查。对于公安机关管辖的国家机关工作人员利用职权实施的重大犯罪,需要人民检察院直接受理的,由省级以上检察院决定。但是《监察法》第34条规定监察委有优先管辖权,互涉案件一般应当由监察委为主调查,不再区分主罪从罪。《人民检察院刑事诉讼规则》第17条也规定互涉案件应进行沟通,可以由监察委并案管辖,检察机关应当将案件和相应职务犯罪线索一并移送监察委。

此外,监察人员的职务犯罪一般由监察委自行调查。但是非法拘禁、刑讯逼供等犯罪是由监察委自行调查,还是应当交检察机关自侦存在争议。从现行规定来看,刑诉法规定检察机关自侦对象是公安司法人员,监察人员不是公安司法人员,因此这些案件也不能交检察机关侦查。

对于管辖错误,最高检规定商请处理,与监察委协商,没有不同意见的,直接起诉。原因在于侦查管辖错误不是重大的程序错误,且起诉管辖时,原则上要求合并处理、合并起诉。

以下为一个既涉及贪污,又涉及非法拘禁的案例:

案例 3-1:王某胜贪污、非法拘禁案[①]

王某胜是某地村委会副主任,因债务纠纷把债务人限制在家十几天。此外,其又利用负责城中村改造的职务便利,套取补偿款一百多万元占为己有。

王某胜既涉嫌由公安机关侦查的非法拘禁罪,又涉嫌由监察委调查的贪污罪,检察机关在两罪均移送审查起诉后采取了合并审查、合并起诉的处理方式,法院也采纳了检察机关的指控。

(二)立案

监察委调查结束移送审查起诉后,检察机关是否需要办理立案手续。刑事诉讼包括五个阶段:立案、侦查、起诉、审判、执行。监察委办理的案件没有侦查阶段,只有调查阶段。监察委认为案件事实

---

① 河南省焦作市山阳区人民法院(2019)豫 0811 刑初 238 号刑事判决书。

清楚、证据确实充分的,制作起诉意见书移送审查起诉。中纪委关于监察法的释义①指出,检察机关不用立案,直接依法审查、提起公诉。所以实务中检察机关不再办理立案手续,办理的是受案手续。

(三)技术侦查/调查

原来检察机关叫技术侦查,现在交给监察委叫技术调查。试点期间,有人对赋予监察委技术调查权有一些担心,但这种担心与2012年《刑事诉讼法》修改时,把技术侦查写入《刑事诉讼法》产生的担心没有本质区别。主要的担心还是权力滥用,但是赋予监察委技术调查权,是有必要的。理由如下:第一,贿赂案件往往"一对一",不用技术手段很难查明案件事实,所以从打击犯罪的需要来说,技术调查权是有必要的。第二,监察委技术调查权从检察机关反贪反渎而来,转隶的不仅是机构、人员,职权应当一并转移。第三,我国是《联合国反腐败公约》的成员国,其第50条第1款规定为有效打击腐败犯罪,各缔约国应允许其主管机关酌情使用控制下交付、电子监控等特殊侦查手段。而且通过特殊侦查手段取得的证据,要允许法庭采信。这是我们作为成员国的履约要求。

因此,《监察法》第28条第1款就直接规定监察委调查涉嫌重大贪污贿赂等职务犯罪,根据需要,经过严格的批准手续,可以采取技术调查措施,交有关机关执行。基本上和原来检察机关技术侦查权的规定是一致的。

问题在于,怎样有效防止这种权力的滥用,这才是应当关注的重点。特别是在调查程序中使用技术调查手段产生的证据,在后续

---

① 参见中共中央纪律检查委员会、中华人民共和国国家监察委员会法规室编写:《〈中华人民共和国监察法〉释义》,中国方正出版社2018年版,第207页。

起诉、审判的过程中,如何进行审查、监督,这才是今后立法应当明确的。

(四)留置与强制措施的衔接

监察体制改革试点时,大家对留置很关注,留置是"双规双指"的替代物。相较于"双规双指"来说,留置措施有时间限制,具体如何操作都有程序上的规制。从这个意义来说,还是要予以肯定的。

现在问题是进入刑诉程序后,监察委已经进行了留置后如何实现衔接。《刑事诉讼法》第170条第2款规定,监察委移送审查起诉已经采取留置措施的案件,检察机关应当先行拘留,留置措施自动解除。先行拘留期间,检察机关要决定是否逮捕、取保候审、监视居住。现在的衔接模式是采取留置措施后,移送审查起诉阶段进入刑事诉讼,先行拘留作为留置和强制措施的中间措施。

关于先行拘留是否等同于强制措施中的拘留。《刑事诉讼法》规定的五种强制措施包括拘传、取保候审、监视居住、拘留、逮捕。先行拘留实际上不属于刑事强制措施中的拘留。对于刑事拘留,《刑事诉讼法》第82条规定公安机关对现行犯或者重大嫌疑分子有下列情形之一的可以先行拘留,包括正在预备犯罪、实施犯罪,现场指认,自杀,逃跑,等等。强制措施中的刑事拘留,是一种暂时性的人身限制。我之前写过一本书,叫《警察暂时性人身限制权研究》,指出《刑事诉讼法》规定的刑事拘留的对象一定是有紧急性的,目的是预防其自杀、逃跑、对抗侦查,或者继续犯罪。而两法衔接中的先行拘留,并不具有紧急情况。犯罪嫌疑人已经被留置,没有紧急性。

刑事诉讼中的拘留,是暂时性的,一般情形下最多可以拘留37

天,如果拘留期满应及时变更。程序方面相对简便,一般情况下应有(拘留)证,但是特殊情况也可以无证。原因在于其针对的是紧急情形。但是以上特征,衔接留置和强制措施中的先行拘留都不具有。因此两法衔接中的先行拘留与《刑事诉讼法》第 82 条规定的作为五种强制措施之一的刑事拘留,并不等同,其是一种新的制度。

(五)补充侦查/调查

《监察法》第 47 条第 3 款规定检察院审查后,认为案件需要补充核实的,应当退回监察委补充调查,必要时也可以自行补充侦查。《刑事诉讼法》和《人民检察院刑事诉讼规则》有基本相同的表述。退回补充调查的,法律明确规定应当一个月内完成,最多退回补充调查两次,与公安机关侦查案件审查起诉阶段退回补充侦查的规定一样。问题是退回补充侦查的案件,犯罪嫌疑人如何处理。《人民检察院刑事诉讼规则》第 343 条第 3 款规定补充调查的案件,犯罪嫌疑人已经被采取强制措施的,只退案不退人,书面通知强制措施的执行机关即可。监察委需要讯问的,检察院予以配合。

《人民检察院刑事诉讼规则》第 344 条第 1 款规定,证人证言、犯罪嫌疑人供述和辩解、被害人陈述个别情节不一致的;物证、书证需要补充鉴定的;其他由检察院查证更便利的,可以由检察院自行补充侦查。从这个意义上来说,检察院自行补充侦查的是少数、是例外,一般而言都是退回监察委补充调查,只在极少数的情况下,由检察院自行补充侦查,原因很简单,还是为了更有效、更便利地查清案件事实。

(六)认罪认罚

《监察法》第 31 条规定,监察程序中被调查人主动认罪认罚的,如果有下列情形之一,可以在移送审查起诉时,提出从宽处罚的建议,包括:自动投案,真诚悔过;积极配合,如实供述尚未掌握的违法犯罪行为;积极退赃,减少损失;重大立功,或者案件涉及国家重大利益等情形。

从实践来看,执纪监督四种形态,第一种是批评与自我批评,第二种是轻微处分,第三种是重处分,第四种才是立案调查。前三种的处理分流是绝大多数,第四种形态是极少数。2018 年四种形态处理 173.7 万人次,自我批评占 63.6%,轻处分占 28.5%,重处分占 4.7%,立案调查只占 3.2%,第四种形态是极少数。《监察法》的规定仍然坚持"治病救人"的基本原则。所以在认罪认罚的问题上,监察委可以提出从宽的建议,与刑事诉讼中的认罪认罚从宽制度衔接上就可以了。

(七)对检察机关的其他影响

《监察法》通过后对检察机关还有其他的一些影响,主要包括三点。

第一,自侦案件侦查阶段会见不需要再许可了,因为现在自侦案件不再包括贿赂等重大职务犯罪。自侦案件不属于律师会见需要许可的情形,因此《刑事诉讼法》做了相应修改。

第二,指定居所监视居住只限于没有固定住所的情形。原来重大的职务犯罪如果有碍侦查,也可以在指定居所执行监视居住。

第三,监察委移送案件不起诉率低的原因有很多,其中的一项是监察委移送的案件如果要不起诉,应提请上一级检察院报批。因此《监察法》通过以后,有很多需要与《刑事诉讼法》衔接的地方,现在还存在很多的问题。

三、证据的衔接

证据的衔接主要包括两个问题。第一个问题,监察委收集的哪些证据可以用于刑事诉讼。第二个问题,监察委办理的案件,能不能适用非法证据排除规则。

(一)可以用作证据的种类范围

《监察法》第 33 条规定了两法在证据衔接方面的问题,包括三个方面。其一,规定监察委依照《监察法》收集的物证、书证、证人证言、被调查人供述和辩解、视听资料、电子数据等证据材料,可以用于刑事诉讼,移送检察机关审查起诉。主要是两大类证据,第一大类是物证、书证、视听资料、电子数据。第二大类是言词类的证据,包括证人证言、被调查人的供述和辩解。2018 年修改前《刑事诉讼法》第 52 条规定了行政机关收集的哪些证据可以用于刑事诉讼,但是行政机关收集的言词证据在刑事诉讼中不能使用。而监察委收集的言词证据可以在刑事诉讼中使用。这二者是有区别的。之所以有此区别,一方面是因为行政程序与刑事程序中证据的收集程序有所不同。刑事诉讼对言词证据的收集有很高的要求,例如必须二人以上、全程录音录像、提供权利保障等。另一方面是因为言词证据与实物证据本身存在区别,实物证据相比言词证据更稳定、不易变化、比较可靠。但言词证据提供者可能因为各种压力翻供、翻证。行政机关收集的言词证据不得用于刑事诉讼说明立法者对其抱有怀疑态度,而《监察法》允许被调查人的供述辩解用于刑事诉讼,则体现了立法者的信任。但是,监察委收集的言词证据依然应当防范风险,需要全程录音录像,保证言词证据符合刑事诉讼的要求,收集程序、权利保障要完善。其二,监察机关在收集使用证据的时候,要与审判保持一致,注意是与审判关于证据的要求和标准保持一致,不是与侦查也不是与审查起诉一致。也即要求监察机关收集使用证据的时候,向审判看齐,这个要求非常高。刑事诉讼的证明标准是阶梯式的,从侦查到审查起诉到审判,特别是在定罪的问题上,它是阶梯式的,各国都是如此,中国也是如此。尽管我国法律都用了"案件事实清楚,证据确实充分"的表述,但在实践中按照认识规律来说,标准是递增的。监察委要求按照审判的标准来,固然是以审判为中心的证据要求。其三,非法收集的证据应当依法排除。也即在监察程序中同样也有非法证据排除规则,非法收集的证据不能作为案件处置的依据。但是非法证据排除规则怎么实施,到底是自我排除还是由外部来排除。

我们看第二个案例:在这个案例中,监察委收集的证据材料在刑事诉讼中可以使用。不仅如此,监察委在立案之前的初核阶段收集的证据能否用于刑事诉讼本来是有争议的,但是在本案中,法院最后使用了。

案例 3-2:李某、孙某非法转让、倒卖土地使用权案[①]

李某伙同孙某以建设门窗制造企业的名义,获取了一百余亩土地后,非法倒卖给他人开发房地产。监察委办案过程中取得的讯问笔录、询问笔录、扣押的财产和物证、书证全部都移交给检察机关审查起诉,作为证据使用。其中也包括监察委立案之前,初核阶段获取的部分证据,其中有询问笔录等言词证

---

① 山西省运城市中级人民法院(2020)晋08刑终211号刑事判决书。

据，也有物证、书证等实物证据。法院判决指出，监察委根据《监察法》第 33 条规定收集的证据可以用于刑事诉讼。此外，还肯定监察委在初步核实阶段收集的证据与立案调查阶段收集的证据具有同等效力。

也即现在不仅是监察委立案调查之后收集的证据可以移送至刑诉程序，立案之前初核阶段收集的证据同样也可以用，而且初核阶段同样也是既包括物证、书证，也包括言词类证据，全部可以移送。

这是在证据衔接上的第一个问题，即监察委收集的哪些证据，在刑事诉讼程序中可以使用，以及如何使用，同时证据范围并不限于立案调查后收集的，立案调查之前收集的证据也可以使用。

（二）非法证据排除规则的适用

第二个问题是非法证据排除。非法证据排除适用于监察委太必要了。

2010 年"两院三部"的《关于办理刑事案件排除非法证据若干问题的规定》（简称 2010 年《非法证据排除规定》）确立了刑事案件非法证据排除规则。但是中国的非法证据排除规则与美国的非法证据排除规则不太一样，美国的非法证据排除规则，最根本的针对对象是《宪法第四修正案》规定的非法搜查扣押收集的实物证据。但中国不是。陈顾远先生认为，中国司法中几千年来最大的顽疾是刑讯。中国的非法证据排除规则指向禁绝刑讯，针对对象是言词证据，非法证据排除规则一方面是为了保证司法公正，但另一方面也是给当事人提供一个救济手段，当事人在受到刑讯之后，在后续的程序中可以提出来，排除掉前面的口供。

非法证据排除规则还有一个目标是震慑执法,特别是震慑警察,彻底去除警察违法取证的动机,将非法收集的证据排除掉。

非法证据排除规则这几方面价值放在监察委同样适用。监察委调查过程中,虽然不是刑事侦查,但与刑事侦查关系很密切、很类似,同样具有封闭性、秘密性的特征。监察委调查程序甚至比刑事侦查更封闭,不允许律师介入。既然是封闭的、秘密的,就无法保证监察委每一个工作人员都能够依法进行调查。所以有可能出现非法取证的情况,有必要适用非法证据排除规则。刚才也提到,监察委的调查程序要跟刑事诉讼衔接,特别是要按照审判的标准收集证据,因此不能用非法取得的证据是顺理成章的。

此外,监察程序适用非法证据排除规则是具有可行性的。监察委的工作人员很多是从检察机关转隶过来的,是经历过良好法律培训、具备判断证据收集合法性能力的专业人员,完全有能力审查判断证据的合法性。这样一来,在监察程序中适用非法证据排除规则非常可行,完全没有问题。

下面看第三个案例,崔某贪污案。该案涉及监察委调查程序中非法证据排除规则的适用问题。

案例 3-3:崔某贪污案[①]

崔某是安徽某地的村委会主任,因涉嫌贪污土地补偿款被监察委立案调查。在二审庭审中,被告人崔某主张排除非法证据,认为其做出认罪供述是因受到县纪委工作人员的软暴力所致,内容不真实。本案涉及被告人在后续程序中申请排除监察委收集非法证据的问题。非法证据排除规则对于监察委办理

---

① 安徽省芜湖市中级人民法院(2020)皖02刑终47号刑事判决书。

案件的适用,不光是体现在自我排除这一部分,监察委在监察调查程序中排除非法证据,也体现在进入刑事诉讼后适用非法证据排除规则。对此,二审判决相关认定如下:第一,根据相关法律规定,使用肉刑或变相肉刑,或者采用其他使被告人在肉体上或者精神上遭受剧烈疼痛或者痛苦的方法,迫使被告人违背意愿作出的供述,属于以刑讯逼供等非法方法取得的证据,应当作为非法证据予以排除。在案证据显示,崔某在一审法院向其送达起诉书副本、庭审中,以及在一审法院已经告知其享有申请排除非法证据的权利的情况下,均明确表示不申请非法证据的排除。第二,在案证据证实崔某的第一份主动交代是在 2019 年 7 月 15 日,而刘某某对其第一次讯问笔录形成于 2019 年 8 月 6 日,崔某的自认有罪供述的时间在刘某某对其进行讯问之前,并不能证实其是受到刘某某的威逼利诱才自认有罪。第三,在案证据证实崔某在监察委留置期间在不同的调查人员对其讯问时均有多次内容稳定的有罪供述,其供述的内容与证明其犯罪事实的证人证言及相关书证等证据材料均能够相互印证,足以确认其供述的真实性,可以证实崔某在留置期间所作的有罪供述均是其真实意思的表示。第四,崔某二审中亦未提供监察委采用刑讯逼供、暴力、威胁等非法方法收集言词证据,违反法定程序收集物证、书证的相关线索和材料,而现有在案证据是调查人员依照法定程序全面、客观收集的与案件有关的证据,具备证据的客观性、合法性、关联性。因此对崔某提出非法证据排除的申请予以驳回。

而本案判决结果并不奇怪,因为非法证据排除规则适用于监察委办理的案件是非常困难的。

刚才提到两方面，一方面是监察委自我排除，另一方面是后续刑事诉讼中的排除，这两项都很困难。对于内部排除，监察委内部分执纪监督、执纪审查、案件审理、常委会等，排除权最适合由案件审理部门来行使，后报常委会审批。但是实际上在执纪审查的过程中，也有可能发现非法证据，非法证据也可能被排除，所以职责划分不清楚。同时，自我排除是"自己打自己的脸"，内部监督天然具有缺陷。排除证据对考核有影响。此外，后续刑事诉讼中，检察院、法院来排除也很难。检察院、法院与监察委地位相差悬殊，同时程序是有惯性的，一旦启动就刹不住车。而且监察调查程序又是封闭的，很难查证，律师无法介入。因此，从目前的情况来看，非法证据排除规则在监察委办理的案件中适用的情况不多。

至于监察委办理的案件适用非法证据排除规则的完善，一方面要明确内部的权责划分，另一方面要保证全程录音录像。进入刑事诉讼程序后，要提供相应的保障，以便后续程序进行审查。此外，法律也需要进一步完善，明确规定非法证据排除规则适用于监察委办理的案件。

第四讲
疑罪从无及其在刑事辩护中的有效运用

周洪波*　熊晓彪**

　　疑罪从无作为现代刑事司法的基本裁判原则,在中国的运用十分艰难。对于"疑案",要么采取"疑罪从轻"的处理方式,要么通过"证据不足"的形式结案。中国刑事证明制度在规范与实践层面形成了两种截然不同的样态,使得疑罪从无也相应表现为规范上的"形式强纲领"与实践中的"实质强纲领"。司法人员对"疑案"之具体含义及基本类型的含混模糊,也阻碍了疑罪从无的贯彻落实。立法上坚持的传统"铁案"证明标准,以及司法责任终身追究制度的推行,为疑罪从无的有效适用提供了空间;规范层面的三种刚性出罪规则和实践层面的裁量性出罪规则,使得疑罪从无在中国落地成为可能。从证明结构内部出发,通过采取良好的辩护思路并掌握"疑案"的辩护技术,就有望真正地实现疑罪从无。

一、疑罪从无之艰难

　　所谓疑罪从无,是指在刑事司法中对被告人是否犯罪既不能排

---

*　西南民族大学法学院教授。
**　中山大学法学院助理教授。

除嫌疑又达不到证明标准时,应作出被告人无罪的判决。疑罪从无被视作现代法治的基石,作为一项刑事司法原则为世界各国所承认并遵照奉行。疑罪从无思想最早可追溯至古罗马时期的"有疑,为被告人之利益",后来发展成为欧陆法的"存疑有利于被告人"原则。① 伴随启蒙运动时期西方资产阶级对中世纪滥用肉刑与有罪推定的强烈批判以及天赋人权观念的兴起,"无罪推定"在刑事诉讼中得到确立,"存疑有利于被告人"逐渐演变为"疑罪从无"这一刑事司法原则。我国古代也有关于"疑罪从无"的司法理念与具体做法。例如,《尚书·大禹谟》记载"与其杀不辜、宁失不经";《礼记·王制》记载"疑狱,氾与众共之,众疑,赦之";《尚书·吕刑》记载"五刑之疑有赦,五罚之疑有赦,其审克之"。自中华人民共和国成立后,疑罪从无经历了曲折的发展过程。过去,我国刑事司法实践在处理"疑案"之时,由于受到严厉打击犯罪的刑事政策的影响以及被告人权利保障不到位等原因,基本上都是采取"疑罪从有""疑罪从挂""疑罪从轻"等做法。直至 1996 年《刑事诉讼法》修改时吸收"无罪推定"的基本精神,②2010 年"两个证据规定"③明确了定罪标准④并确立了"非法证据排除程序",以及 2012 年《刑事诉讼法》再修改引入"排除合理怀疑"与"不得强迫自证其罪"之后,疑罪从无作

---

① 尽管现欧陆国家并没有明文规定"存疑有利于被告人",但其习惯上被视为刑事司法甚至宪法的一项基本原则。例如在德国,"存疑有利于被告人"被认为是《联邦基本法》第 103 条之(2)、《刑事诉讼法典》第 261 条等条文的应有之义;此外,该原则还被纳入《欧洲人权公约》第 6 条"公正审判"条款的意涵之中。

② 《刑事诉讼法》(1996 年修正)第 12 条规定:"未经人民法院依法判决,对任何人都不得确定有罪。"第 162 条第 3 项规定:"证据不足,不能认定被告人有罪的,应当作出证据不足、指控的犯罪不能成立的无罪判决。"

③ "两个证据规定"具体是指,2010 年"两高三部"联合印发的《关于办理死刑案件审查判断证据若干问题的规定》(以下简称《死刑案件证据规定》)和《关于办理刑事案件排除非法证据若干问题的规定》。

④ 参见《死刑案件证据规定》第 5 条和第 33 条关于"定罪标准"的具体规定。

为一项刑事司法原则才开始在我国逐渐确立。2013年发布的《中央政法委关于切实防止冤假错案的规定》第7条明确要求:"……对于定罪证据不足的案件,应当坚持疑罪从无原则,依法宣告被告人无罪,不能降格作出'留有余地'的判决……"尽管我国立法至今也没有明文规定"疑罪从无"原则,但无论是理论界还是实务界,基本承认该原则作为刑事司法原则的地位。

令人遗憾的是,在我国司法实践中,很难看到适用疑罪从无的案件。一方面,我国无罪判决案件本来就极少。据统计,2008年至2012年,全国法院无罪判决率仅为0.10%;2013年至2016年,全国法院无罪判决率也只有0.016%。[1] 有学者从国外67个国家的定罪数据发现,多数国家的无罪判决率介于10%至30%之间,定罪率最高的芬兰和亚美尼亚,也有2%的无罪判决率;美国的无罪判决率保持在9%左右,俄罗斯的无罪判决率为25%。[2] 与世界上其他法治国家相比,我国无罪判决率已经低至惊人的地步。另一方面,我国无罪判决的主要形态是确定的无罪,而非疑罪从无。在为数不多的无罪判决案件(包括再审改判案件)中,要么是以"依法认定被告人无罪"、要么是以"证据不足,不能认定被告人有罪"作为裁判理由,后者基本上是援引《刑事诉讼法》对于"证据不足"案件的处理方式。[3] 对于因"证据不足"作出的无罪判决,实际上还是属于确定的无罪判决,而非疑罪从无判决。"证据不足"与疑罪从无的本质差异不仅表现在判断对象上,而且还聚焦于心证的形成过程中。"证据

---

[1] 参见2016年时任最高人民检察院检察长曹建明在第十二届全国人大常委会第二十四次会议作《关于加强侦查监督、维护司法公正情况的报告》。
[2] 参见陈永生:《冤案为何难以获得救济》,载《政法论坛》2017年第1期,第31—45页。
[3] 《刑事诉讼法》第200条第3项规定:"证据不足,不能认定被告人有罪的,应当作出证据不足、指控的犯罪不能成立的无罪判决。"第236条第1款第3项规定:"原判决事实不清楚或者证据不足的,可以在查清事实后改判……"

不足"更多指向控方对犯罪行为的证明未达到法定要求,而疑罪从无则关注对全案证据的综合判断;①控方证明失败将直接导致无罪判决之明确法律后果,而疑罪从无则是在案件事实真伪难以查明时要求法官作出无罪判决的一种裁判规则。②"证据不足"在心证层面表现为一种确定的信念,即"控方的证明达不到法定的证明标准",而疑罪从无在心证层面则属于一种"犹豫不决"状态,即"既不能排除被告人的犯罪嫌疑又难以确定其有罪"。

对于刑事辩护而言,案件能够以疑罪从无的方式获得无罪判决,无疑是中国的法治之幸。这不仅反映了疑罪从无这一刑事司法原则在我国真正获得了生机,而且还彰显了公正司法与尊重并保障被告人权利的现代法治精神。③ 然而,影响疑罪从无适用的背后原因有许多。中国刑事证明制度与实践的独特性、"疑罪"的界定困境与类型划分不清、疑罪从无原则与现行刚性定罪规则之间的背反,以及现有的程序格局与辩护困境,都在一定程度上降低了疑罪从无的适用率。要想实现疑罪从无的刑事辩护,不仅需要熟悉我国证明制度的运作机制、厘清"疑罪"的具体意涵与类型、明确疑罪从无的规则表现,而且还要掌握疑罪从无的辩护思路与技术。以下将分别对这些事项展开具体论述。

---

① 参见郭华:《我国疑罪从无的理论省察及规则重述》,载《政法论坛》2021年第1期,第166—167页。
② "证据不足"无罪判决中的"无罪"应自始即属无罪,并非疑罪从无的体现,而是刑事证明运作的内在规律与必然结果。参见王星译:《反思疑罪从无及其适用》,载《环球法律评论》2015年第4期,第70—71页。
③ 疑罪从无是人权保障理念的内在要求,是秩序与自由的价值选择,是司法民主理念的必然要求,是程序法治的重要体现。

二、中国刑事证明制度与实践的独特性

要想有效地适用某个法律原则,需要考察与该原则密切关联的制度环境。疑罪从无作为一种案件事实处理方式,其与刑事证明制度与实践是密不可分的。据此,首先要弄清楚中国刑事证明制度与实践的独特性。

(一)司法证明制度的核心机制:证明标准

查明案件事实是作出准确判决的前提,也是公正司法的关键所在。"裁决的准确性与事实认定中的准确性不仅是审判的核心价值,也是几乎所有官方裁决的核心价值。"[1]而查明案件事实严重依赖于司法证明制度的有效运行。所谓司法证明,是指双方当事人在事实裁判者(法官或陪审团)面前,严格依照法定的程序就争议案件事实所进行的一系列举证、质证及认证活动。在这个过程中,认证是最重要的环节。在经过庭审举证与质证之后,裁判者对双方的证据与论证进行评价,结合法定证明标准作出最终的事实判断。在此意义上,证明标准无疑才是司法证明制度的核心机制。证明标准是证明领域的核心问题,同时也是裁判者认定案件事实的最终尺度。诚如有学者所言,证明标准是证据法的灵魂,是司法证明的核心与关键所在。[2]

通说认为,证明标准是指在诉讼活动中承担证明责任的一方对

---

[1] 〔英〕威廉·特文宁:《反思证据:开拓性论著(第二版)》,吴洪淇等译,中国人民大学出版社2015年版,第243页。
[2] 刘金友主编:《证明标准研究》,中国政法大学出版社2009年版,第11页。

案件事实的证明必须达到的程度或要求。① 然而,对于证明标准的要求或尺度具体为何,学界却存在不同的意见:一是"客观真实说",持此观点的学者认为,证明标准旨在实现事实认定的准确性,因此其是一种"客观真实"或者"绝对真实"标准。② 二是"层次说",赞同该观点的学者主张,由于认识的层次、证明主体、证明对象以及诉讼效率等的不同,所适用的证明标准也应有所差异,具有层次性与多元性。③ 三是"概率说",有学者指出,数字化概率反映了证明标准的不同程度要求,所以证明标准实际上是一种概率阈值。④ 四是"模糊说",还有学者提出,证明标准本来就是模糊的,它不可能像天平或尺子那样提供精确的度量标准,而只能依赖于法官的具体判断。⑤ 我国立法与司法实践,长期以来所秉持的是第一种观点,即把证明标准视为"客观真实"或"绝对真实"的判准。

(二)中国刑事证明标准:"铁案"标准

在中国,无论是学术界还是司法实务界,一直以来都对"客观真相"抱有近乎偏执的追求。"兹所谓真实不能不认为客观现实之真

---

① 参见龙宗智:《我国刑事诉讼的证明标准》,载《法学研究》1996年第6期,第119页;陈瑞华:《刑事诉讼中的证明标准》,载《苏州大学学报(哲学社会科学版)》2013年第3期,第78页。

② 查明案件的客观真实是诉讼证明的任务,这不仅是十分必要的,而且也是完全可能的。参见陈一云主编:《证据学》,中国人民大学出版社1991年版,第114—115页。

③ 参见李学宽、汪海燕、张小玲:《论刑事证明标准及其层次性》,载《中国法学》2001年第5期,第125—134页。

④ 传统概率论者将证明标准定义为0~1区间的阈值,1代表确定为真,0代表确定为假,证明标准通常被解释如下:"优势证据"被视为大于0.5的概率;"排除合理怀疑"被视为0.9(或者更高)的概率;"清晰且令人信服的证据"介于二者之间,通常为0.75左右的概率。参见[美]罗纳德·J. 艾伦、[美]迈克尔·S. 帕尔多:《相对似真性及其批评》,熊晓彪、郑凯心译,载《证据科学》2020年第4期,第439页。

⑤ 参见李浩:《证明标准新探》,载《中国法学》2002年第4期,第132页。

实,亦即其所指者为绝对的真实。"①"公安司法人员运用证据准确无误地认定案件客观事实的内容,通常首先是指已查明某人确实实施了犯罪或者没有实施犯罪。我们通常用'水落石出''真相大白'来形容案件已被侦破,实际上就是承认对案件认识的绝对真实性。承认诉讼证明中的绝对真实,才能确立案件事实是否正确的科学标准,从实体上分清办铁案和办假案、公正司法和司法不公的根本界限。"②坚持客观真实,是实现实体公正的表现,有助于增强司法裁判的可接受性,促使办案人员积极地查明事实真相。③

与此相呼应,我国刑事立法在证明标准设置上也呈现出对"客观真实"的偏好。在1996年修正的《刑事诉讼法》第162条中,首次规定了有罪判决的证明标准是"案件事实清楚,证据确实、充分",但却没有对该标准作出具体解释。

2010年"两高三部"联合发布的《死刑案件证据规定》,在第5条第2款首次对"证据确实、充分"作了进一步的明确:"证据确实、充分是指:(一)定罪量刑的事实都有证据证明;(二)每一个定案的证据均已经法定程序查证属实;(三)证据与证据之间、证据与案件事实之间不存在矛盾或者矛盾得以合理排除;(四)共同犯罪案件中,被告人的地位、作用均已查清;(五)根据证据认定案件事实的过程符合逻辑和经验规则,由证据得出的结论为唯一结论。"这种对每

---

① "我们认为刑事证明的目的,总体来说是要达到诉讼(案件)客观真实,即指公安司法人员在诉讼中根据证据所认定的案件事实要符合客观存在的案件事实。"参见陈光中、陈海光、魏晓娜:《刑事证据制度与认识论——兼与误区论、法律真实论、相对真实论商榷》,载《中国法学》2001年第1期,第41页。

② 陈光中、陈海光、魏晓娜:《刑事证据制度与认识论——兼与误区论、法律真实论、相对真实论商榷》,载《中国法学》2001年第1期,第41—42页。

③ 参见陈光中、李玉华、陈学权:《诉讼真实与证明标准改革》,载《政法论坛》2009年第2期,第10页。

一个定案证据都要"查证属实"、由证据得出的结论为"唯一结论"的要求,被形象地称为"铁案"标准。① 所谓"铁案",顾名思义,即证据确凿、不能被推翻的案件。其实际上与"客观真实""绝对真实"一脉相承,都是意指司法机关根据证据认定的案件事实是"本体"意义上的真相或"百分之百"正确的。2012年《刑事诉讼法》在吸收《死刑案件证据规定》的基础上,明确了"证据确实、充分"的三个判断条件:①定罪量刑的事实都有证据证明;②据以定案的证据均经法定程序查证属实;③综合全案证据,对所认定事实已排除合理怀疑。② 由于我国立法首次引入英美法系具有主观色彩的刑事证明标准"排除合理怀疑",有学者据此认为,我国刑事证明标准(之实质)已经从"客观真实""绝对真实"转向了"相对真实"。③ 然而,同年出台的《最高人民法院关于适用〈中华人民共和国刑事诉讼法〉的解释》(以下简称2012年《刑诉法解释》)第105条对"证据确实、充分"作了更加明确的规定,除对《死刑案件证据规定》第5条第2款的内容予以完全保留之外,还要求"证据之间相互印证"。在此意义上,有学者指出,从体系性解释的视角来看,"排除合理怀疑"入法实际上并未降低传统理解的"客观真实"或"铁案"刑事证明标准。④ 此外,"证据相互印证"这种外部性检验方式,更加强化了我国刑事证明标准的客观化。⑤

---

① 参见雷小政:《"铁案"不"铁":刑事错案认定标准与责任追究》,载《武陵学刊》2015年第2期,第56页。
② 参见2012年《刑事诉讼法》第53条。
③ 参见樊崇义:《实体真实的相对性——修改后刑诉法第五十三条证明标准的理解和适用》,载《人民检察》2013年第7期,第8—11页。
④ 参见周洪波:《迈向"合理"的刑事证明——新〈刑事诉讼法〉证据规则的法律解释要义》,载《中外法学》2014年第2期,第436—443页。
⑤ 参见陈瑞华:《刑事证明标准中主客观要素的关系》,载《中国法学》2014年第3期,第178—181页。

现行《刑事诉讼法》及其司法解释基本沿袭了之前的做法,并未对证明标准作出实质性改变。因此,我国刑事证明标准仍然是传统意义上的"铁案"标准。

(三)中国语境中疑罪从无的独特"强纲领原则"

纵观我国刑事立法与司法实践,在疑罪从无上形成了两种鲜明对比:一种是在规范层面的"形式强纲领",即"案件事实存疑皆无罪";另一种是在实践层面的"实质强纲领",即案疑则作出"疑罪从轻"等留有余地的判决。

1. 疑罪从无的"形式强纲领"原则

根据我国现行法律对于刑事证明标准的规定,需要证据已经查证属实;证据之间相互印证,不存在无法排除的矛盾和无法解释的疑问;全案证据形成完整的证据链;根据证据认定案件事实足以排除合理怀疑,结论具有唯一性,才能认定被告人有罪。[①] 如上所述,这是传统意义上的"铁案"标准,因此是很难达到的。反之,从规范学的视角来看,只要达不到该标准中的任何一项条件,裁判者就不能判被告人有罪。也即,一旦证据之间不能相互印证,或者存在无法排除的矛盾和无法解释的疑问,又或者结论不具有唯一性,就只能判被告人无罪。结合疑罪从无原则,可以据此推出:只要案件事实存疑,被告人皆应无罪。如果仅从规范视角出发,能够得出如下结论:疑罪从无在我国是很容易实现的。然而,现实却是,适用疑罪从无的案件极为鲜见,以至于规范层面的疑罪从无原则沦为了形式上的强纲领。

---

① 参见《最高人民法院关于适用〈中华人民共和国刑事诉讼法〉的解释》(2021年修正)(以下简称2021年《刑诉法解释》)第140条。

2. 疑罪从无的"实质强纲领"原则

一旦对我国刑事司法实践进行考察,就会发现,疑罪从无在实践层面表现出与规范层面截然不同的样态。规范上看似很容易实现疑罪从无的案件,在实践中却很少出现,而是以疑罪从轻等留有余地的判决取而代之。在当前司法实践中,许多证据不足案件采用了"疑罪从轻"这一有违法治精神的处理方法。① 媒体披露的杜培武案、孙万刚案、佘祥林案、张氏叔侄案、缪新华案,以及刘忠林案等一大批冤案,基本采取了疑罪从轻的处理方式。尽管2013年中央政法委出台的《关于切实防止冤假错案的规定》和最高人民法院发布的《关于健立健全防范刑事冤假错案工作机制的意见》都明确要求,对于定罪证据不足的案件,应当坚持疑罪从无原则,依法宣告被告人无罪,不能降格作出"留有余地"的判决。然而,实际的效果并不理想。以至于2020年12月9日,安徽省高级人民法院在对左德刚案作出的再审判决书中,甚至直言道:"鉴于本案现有证据尚达不到判处左德刚死刑立即执行的证明标准,最高人民法院曾两次裁定不核准对左德刚的死刑判决,遂依法作出上述(判处死刑,缓期二年执行)的终审判决。"②在该案的再审判决书中,疑罪从轻这种留有余地的处理方式显现无遗。

我国刑事司法实践对于疑案之所以倾向于采取"疑罪从轻"这种处理方式,主要是因为疑罪从轻是一种追求负价值平衡的结果:一方面,疑罪从轻的处理方式以轻判为代价但并没有完全放纵犯罪

---

① 参见税海波:《论疑罪从无与司法实践中之疑罪从轻——从实务的角度》,载《面向"一带一路"的律师法律服务——第八届西部律师发展论坛文集》,2016年9月,第9页。

② 参见周瑞平:《安徽高院对左德刚故意杀人案再审宣判:依法判决其死刑缓期二年执行》,载《人民法院报》2020年12月25日,第003版。

分子,这使得司法人员在心理上产生一种平衡,即通过轻判的方式解决了案件证据不足、存疑等问题;另一方面,疑罪从轻的案件处理方式,是司法人员成本较低的最佳选择。① 由此,本应疑罪从无的案件,在我国司法实践中异化为疑罪从轻这一留有余地的处理方式,此即为疑罪从无的实质强纲领原则。不过,致使疑罪不能从无的另外一个主要原因,是实践中裁判者难以准确把握疑案的意涵与基本类型。

三、"疑案"的意涵及基本类型

(一)"疑案"释义

疑罪从无要得到贯彻落实,主要取决于裁判者对疑案的准确判断。然而,对疑案的准确判断,首先需要裁判者明晰"疑案"的具体意涵。从规范上来看,当案件事实存在无法排除的矛盾或者无法解释的疑问时,可以认定为疑案。但是在刑事司法实践中,这种类型的案件要么是被公诉机关进行合理补正,要么是在无法补正的情况下以"证据不足"为理由作出无罪判决,鲜有通过疑罪从无方式作出无罪判决的。如前所述,证据不足的无罪判决与疑罪从无存在实质区别,在心证层面前者实际上属于"确定的无罪",而后者则表现为"存疑的无罪"。因此不能将二者等同。

在认识论层面,存在三种判决状态:一是确定的无罪,即辩方提出的证据与论证清楚地表明被告人是无罪的,或者控方提供的证据

---

① 参见刘宪权:《"疑罪从轻"是产生冤案的祸根》,载《法学》2010 年第 6 期,第 16—18 页。

与论证达不到认定被告人有罪的法定标准,证据不足的无罪就属于此类;二是确定的有罪,控方提供的证据与论证已经达到法定证明标准,且裁判者在综合考量控辩双方的论证之后能够形成关于案件事实为真的确信;三是既不能确定有罪也不能确定无罪,在综合考虑全案证据与论证之后,裁判者既不能排除被告人有罪也不能确定被告人无罪,而是处于一种犹疑不定的状态。所谓疑案,是指第三种状态,即裁判者对案件事实既不能形成"真"的确信也不能形成"假"的确信,而是处于一种"真伪不明"难以做出决定的状态。"疑,谓虚实之证等,是非之理均;或事涉疑似,傍无证见;或傍有阙证,事非疑似之类。"① 当中间值处于真与假之间时,它像接近真一样接近假,是一种真与假的组合。② 疑罪在法官的认识论上处于"灰色地带",使其无法形成心证。③ 此时,根据疑罪从无原则,对于"疑罪"应作出被告人无罪的判决。在此意义上,我国现行《刑事诉讼法》第200条对"确定的无罪"与证据不足的无罪之区分,实际上既将"证据不足"的无罪排除在"确定的无罪"之外,又没有真正厘清"证据不足"的无罪与疑罪从无之间的实质区别。

(二)"疑案"的基本类型

案件事实的内部证明结构由证据、中间待证事实、概括、次终待证事实以及最终待证事实五个部分构成。它们之间的相互关系如下图4-1所示:

---

① 〔唐〕长孙无忌等撰:《唐律疏议》,刘俊文点校,中华书局1983年版,第575页。
② 〔德〕鲁茨·盖耳德塞泽:《解释学中的真、假和逼真性》,胡新和译,载《自然辩证法通讯》1997年第1期,第5页。
③ 参见郭华:《我国疑罪从无的理论省察及规则重述》,载《政法论坛》2021年第1期,第167页。

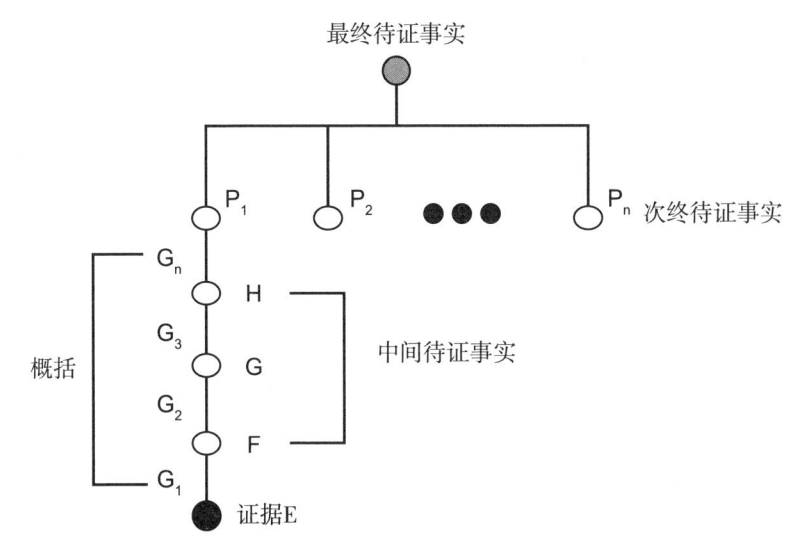

第四讲 疑罪从无及其在刑事辩护中的有效运用 051

图 4-1 案件事实内部证明结构

在一个法律论证中,待证事实发生于几个不同的层级。其中有一个存在争议的主要或基本的待证事实,被称为"最终待证事实"(ultimate probandum),在刑事诉讼中也即实体法规定的具体犯罪构成要件,其是满足某个或某些法律规则所要求的条件而必须证明的事实主张或命题。次终待证事实(penultimate probanda)是由最终待证事实分解而成的各个简单命题,也被称为关键事实或要件事实(element facts)。① 中间待证事实(interim probanda)是介于证据 E 与要件事实之间的命题。通过概括(generalizations)②,中间待证事

---

① 参见熊晓彪:《刑事证据标准与证明标准之异同》,载《法学研究》2019 年第 4 期,第 196 页。
② 概括又被称为"社会知识库",其是对事物与事物之间内在联系的经验归纳,发挥着论证的"黏合剂"保障作用。参见〔美〕特伦斯·安德森、〔美〕戴维·舒姆、〔英〕威廉·特文宁:《证据分析(第二版)》,张保生、朱婷、张月波等译,中国人民大学出版社 2012 年版,第 346—359 页。艾伦甚至直截了当地指出,是概括建立起了证据与待证事实之间的相关性。参见〔美〕罗纳德·J. 艾伦:《艾伦教授论证据法(上)》,张保生、王进喜、汪诸豪等译,中国人民大学出版社 2014 年版,第 116—129 页。

实在证据与要件事实之间建立起了联系。① 从证据到最终待证事实（要件）之间的任何一项环节出现问题，将导致案件事实难以获得认定。因此，疑案的基本类型，实际上可以根据介于真与假之间的"存疑"发生在证明结构内部的不同位置进行划分。

1."证据存疑"的疑案

当存疑发生在证据（主要是要件证据）环节，并导致相应要件事实难以形成确信之时，可将此种疑案称为证据存疑的疑案。证据存疑的情形主要有以下几种：其一，要件证据的来源不可靠。产生该证据的装置可能存在问题，该证据的提取、运输、保管链条可能不完善。其二，证据内容可能不真实。该证据可能是变造或者伪造的，记录、传输或处理过程可能存在错误，提供该证据的人在叙述、诚实性、感知、记忆等某方面可能存在问题。② 其三，要件证据缺乏其他证据的印证。根据我国现行刑事法规定以及具体司法实践，倘若要件证据缺乏其他证据的相互印证，司法人员一般不敢认定该证据所推论的要件事实为真。严格的上诉审查以及司法责任终身负责制度，使得裁判者越来越倾向于作出保守判决，"有印证才认定、无印证则不敢认定"成为一种心照不宣的裁判规则。其四，要件证据的可信性被其他证据所削弱。证据与证据之间存在四种基本逻辑关系：矛盾、补强、冲突、聚合。因此，矛盾和冲突证据都可能对要件证据进行削弱甚至否定。当这些类型证据将要件证据削弱至介

---

① 参见〔美〕特伦斯·安德森、〔美〕戴维·舒姆、〔英〕威廉·特文宁：《证据分析（第二版）》，张保生、朱婷、张月波等译，中国人民大学出版社2012年版，第80—82页。

② 证人证言的可信性涉及叙述、诚实性、感知、记忆四种品质，感知和记忆会影响证人对其亲历过的事件之判断，而叙述、诚实性则会影响裁判者的判断，这一理论被称为"证言三角形理论"。参见张保生主编：《证据法学》，中国政法大学出版社2018年版，第29页。

于可信与不可信之间时,就会导致要件证据处于存疑状态。

2."推论性事实存疑"的疑案

由证据经由概括推出的事实命题,可称之为"推论性事实"。在司法证明结构中,推论性事实包括中间待证事实和次终待证事实。中间待证事实中的任何一个事实存疑,事实推论链条就面临断裂的风险,也难以(确信地)推出相应的次终待证事实;任意一项次终待证事实存疑,将难以组成完整的最终待证事实,裁判者随之也就难以对案件事实形成确信。导致推论性事实存疑的因素主要来自三个方面:一是证据的推论强度(或称证明力),证明力越大,相应推论性事实也就更可信。影响证据证明力的因素除证据自身的可信性之外,还包括证据的辨识度与控辩双方基于该证据所提出的对抗性假设(或主张)。[1] 二是作为推论桥梁的"概括"。概括是一种囊括从自然定理、数学公式到个人印象、主观偏见的"社会知识库",具有强弱程度之分。概括可被置于一个可靠性频谱,其波动范围从诸如那些与万有引力定律相连的精心验证和普遍接受命题,到很大程度上未经验证和有时无法验证的直觉,诸如把从犯罪现场逃离视为犯罪证据的概括,再到基于错误刻板印象而形成的无根据的成见,诸如基于性别、种族、阶级或年龄的偏见。[2] 一旦概括的强度较弱,又缺乏其他(辅助)证据的支持,或者被其他证据所削弱,也就意味着推论的桥梁不再是牢靠的,相应的推论性事实随之变得存疑。三是各项推论性事实的强韧性。即事实认定者对相应要件事实为

---

[1] 参见熊晓彪:《"发生优势":一种新证明力观——狭义证明力的概率认知与评价进路》,载《交大法学》2020年第2期,第160—161页。

[2] 参见〔美〕特伦斯·安德森、〔美〕戴维·舒姆、〔英〕威廉·特文宁:《证据分析(第二版)》,张保生、朱婷、张月波等译,中国人民大学出版社2012年版,第351页。

真所持有信念之牢固性,这是一种绝对信念(确信)的强度:一个人有多么强烈地绝对相信某个命题,等同于说服他放弃该信念有多困难。对于一个特定待证事实命题而言,其韧性取决于:如果潜在的信息基础发生了改变,相信该命题的绝对信念能否存续下去。对某个命题所持有的绝对信念抵御信息基础之潜在变化的能力越强,该信念就越有韧性、越恒定,并且也因此越可靠。[①]

四、疑罪从无在中国刑事审判中的规则表现

作为刑事裁判的一项基本原则,疑罪从无需要通过规则的形式体现在实际的事实认定过程中。在中国,由于疑罪从无存在规范上的形式强纲领与实践中的实质强纲领,因此,其在规范与实践层面也必然表现出两种截然不同的规则体系。结合现行刑事法规范以及具体司法实践,疑罪从无在我国刑事审判中表现为两种不同强度的规则:刚性出罪规则与裁量性出罪规则。

(一)刚性出罪规则

如前所述,规范上的形式强纲领要求:定罪需要证据已经查证属实;证据之间相互印证,不存在无法排除的矛盾和无法解释的疑问;全案证据形成完整的证据链;结论具有唯一性。反之,只要其中任意一项要求存疑,就应当基于疑罪从无作出无罪判决。据此,可以得出应当适用疑罪从无的三种刚性出罪规则:要件证据缺乏印证无罪规则;要件证据存在矛盾无罪规则;结论不唯一无罪规则。

[①] 参见〔美〕亚历克斯·斯坦:《证据法的根基》,樊传明、郑飞等译,中国人民大学出版社2018年版,第57页。

1. 要件证据缺乏印证无罪规则

"印证"既是我国的证明方法,也是裁判者认定事实的方式与标准。当两个证据的主要信息内容相互支持或者一致,可以称之为印证,从而认定它们共同指向的待证事实为真。① 这是一种客观化且便于把握和判断的操作方式,因此深受司法实务部门的青睐,并逐渐上升为正式的法规范。例如,2021年《刑诉法解释》第91条第2款规定:"证人当庭作出的证言与其庭前证言矛盾,证人能够作出合理解释,并有其他证据印证的,应当采信其庭审证言……"第96条第3款规定:"……被告人庭前供述和辩解存在反复,庭审中不供认,且无其他证据与庭前供述印证的,不得采信其庭前供述"。第143条关于"有其他证据印证的证据可以采信"等的规定。根据印证规则,当要件证据没有获得其他证据的印证时,其所指向的待证要件事实是存疑的。要件事实既然存疑,就应当适用疑罪从无原则,作出被告人无罪的判决,此即为"要件证据缺乏印证无罪规则"。

2. 要件证据存在矛盾无罪规则

证据之间既可以相互支持印证,也可以相互矛盾。当辩方提出的证据与控方的要件证据存在矛盾之时,裁判者对要件证据所指向的待证要件事实为真之信念可能被削弱至"犹豫不决"状态。当辩方提出的这种矛盾证据无法被排除或者否定之时,要件证据所指向的要件事实是"存疑"的,此时,根据疑罪从无原则,应作出被告人无罪的判决。2021年《刑诉法解释》第87条第8项关于"证人证言之间有无矛盾"的规定、第91条第2款关于"证人当庭证言与其庭前

---

① 参见龙宗智:《印证与自由心证——我国刑事诉讼证明模式》,载《法学研究》2004年第2期,第109—114页。

证言存在矛盾"的规定、第 93 条第 1 款第 9 项关于"被告人供述和辩解与同案被告人的供述和辩解之间有无矛盾"的规定、第 96 条第 2 款关于"被告人当庭翻供与全案证据存在矛盾"的规定等,实际上都属于"要件证据存在矛盾无罪规则"。

3. 结论不唯一无罪规则

如前所述,既然我国刑事审判遵照奉行的是传统的铁案标准,那么,倘若裁判者根据在案证据和控辩双方的主张所得出的事实结论不具有唯一性,显然就达不到该标准。此外,当裁判者同时得出关于案件事实的多个结论或多种可能性之时,也就意味着其不能确定哪一种才是那个"客观真相",而是陷入一种模棱两可的状态。此时,根据疑罪从无原则,应作出被告人无罪的判决。2021 年《刑诉法解释》第 140 条第 4 项关于"结论具有唯一性才可以认定被告人有罪"的规定,对此予以了充分体现。

(二)裁量性出罪规则:缺乏特定证据的无罪

除在规范层面表现出的上述刚性出罪规则,疑罪从无在我国实践层面还体现为一种柔性化的裁量性出罪规则类型,即裁判者对某个(些)犯罪事项存疑,但还不能直接作出无罪判决,而是需要整体判断案件证据与控辩双方的论证,结合案件的具体情况进行(集体)评议,从而作出是否适用疑罪从无的最终决定。这种裁量性出罪规则主要是由于缺乏特定证据使得案件事实存疑,从而可以适用疑罪从无作出无罪判决。因此,可称此类规则为"缺乏特定证据出罪规则"。

从犯罪构成来看,作案工具、犯罪现场、被害人尸首等证据并非要件证据,即认定犯罪并不以必须找到或明确这些事项为条件。然而，在我国司法实践中，许多刑事案件却往往因为缺乏这些类型证据而最终被判无罪。其中的考量主要在于：一方面，尽管作案工具、犯罪现场、被害人尸首并非要件证据，但其仍然是重要的证据，能够提供真凶的具体信息以及作案细节；另一方面，作案工具、犯罪现场、被害人尸首等证据也能够为被告人供述、证人证言、其他在案证据等提供印证，以增强裁判者关于犯罪事实的确信。当然，裁判者之所以如此在意这些事项，背后的原因在于，我国审判实践始终坚持的铁案标准，以及司法责任终身负责制度，迫使他们不得不查清楚犯罪事实的几乎每一个细节。

近年来我国法院作出的一些疑案无罪判决，体现了"缺乏特定证据出罪规则"。例如，在陈亚军涉嫌故意伤害案中，一审法官作出无罪判决的理由主要有：①第一作案现场不能确定。在发现被害人尸体处的勘验笔录及所提取到的证据，以及证人林某的证言，这些证据既不能证明被害人吴光全是在公司门口附近被打伤头部，也不能排除对其尸体发现地就是他遭殴打致死地的合理怀疑。②作案工具无法确认。经法医鉴定，被害人吴光全符合被人用条形钝器（棍棒类）打击头部致颅脑损伤合并胃内容物阻塞呼吸道窒息死亡。因此不排除被从被告人陈亚军处提取的两把镐把击打造成的可能性。但是，案发次日提取被告人陈亚军使用过的镐把后，上面未检出相关血迹和指纹。[①] 在陈辉涉嫌故意杀人案中，尽管在捆绑被告人尸体的胶带上提取到了被告人陈辉的六枚指纹（其中两枚血潜指纹），但一审法官仍作出了被告人无罪的判决，其主要判决理由为：①没有证据能够认定被害人死亡的具体时间，对被害人死亡时间只

[①] 参见最高人民法院刑事审判第一、二、三、四、五庭主办：《刑事审判参考》（总第77集），法律出版社2011年版，第27—34页。

是根据尸检报告推断得出,而且只能得出一个不确切的时间段,公诉机关认定的死亡时间为3月8日夜间的结论不具有唯一性及确定性。②没有证据能够确凿认定本案的案发现场,本案案发现场只是推定,据此也无法得出其是封闭现场还是开放现场,也无法具体确定现场的在场人员。③本案中没有查获作案工具和被害人的手机,在被告人陈辉使用的车辆上也没有检出被害人的血迹,即没有证据证明被告人陈辉行凶杀人及运尸掩埋的指控。①

五、疑罪从无的辩护思路与技术

通过前述分析,疑罪从无在我国规范层面与实践层面表现出形式强纲领与实质强纲领两种不同样态,后者以疑罪从轻这种实际做法取代了疑罪从无。同时,对于疑案之具体意涵及其基本类型的含混模糊,使得司法人员不敢轻易适用疑罪从无。不过,我国刑事司法长期以来所坚持的铁案标准,以及近年来推行的司法责任终身负责制度,实际上为疑罪从无的贯彻落实提供了空间。在此背景下,通过采取良好的辩护思路并掌握一定的辩护技术,有望实现真正的疑罪从无。

(一)疑罪从无辩护思路

要实现疑罪从无的辩护,关键在于让裁判者认识到当前的案件是疑案。通过前述分析,所谓疑案,具体是指裁判者对案件事实既不能形成"真"的确信也不能形成"假"的确信,而是处于一种"真伪

---

① 参见昆明市中级人民法院编:《昆明市中级人民法院精品案例(2016)》,云南大学出版社2017年版,第14—16页。

不明"难以做出决定的状态。从证明结构内部来看,其具有"证据存疑"与"推论性事实存疑"两种基本类型。因此,首先要从案件事实证明结构内部出发,指出控方的证明在哪些环节存在问题,向裁判者表明这些环节导致案件事实存疑、案件属于何种类型的疑案。其次,基于在规范层面应当适用疑罪从无的刚性规则,具体指出案件符合哪一种疑罪从无刚性规则的构成。最后,倘若案件不符合疑罪从无刚性规则,可以参照疑罪从无在实践中体现出的裁量性规则——缺乏特定证据无罪规则,结合我国现行法定证明标准,指出案件缺乏哪些重要证据,以至于在某些犯罪事实上存疑,从而尽可能地说服裁判者适用疑罪从无作出无罪判决。

(二)疑罪从无辩护技术

1. 基于证明结构指出控方证明的"疑点"

在证明结构内部的每一个环节,都可能因为证据存疑或推论性事实存疑而导致案件事实存疑。对于前者,要件证据的来源不可靠、证据内容不真实、要件证据缺乏其他证据的印证以及要件证据的可信性被其他证据所削弱,都可以使得证据存疑;对于后者,证据的推论强度(证明力)、作为推论桥梁的概括和各项推论性事实的强韧性(牢固性),也都可能导致推论性事实存疑。通过深入证明结构的内部,能够有效发现控方证明的薄弱环节,并提出相应的证据和主张对这些环节进行削弱,使得裁判者对它们存疑,进而对相应要件事实难以形成确信。

2. 明确案件"疑点"符合何种刚性出罪规则

如前所述,疑罪从无在规范层面应当适用刚性出罪规则的具体类型有三种：要件证据缺乏印证、要件证据存在矛盾、结论不具有唯一性。在指出控方证明存在的疑点之后，还应当进一步向裁判者明确这些疑点符合上述三种刚性出罪规则中的哪一种。一般而言，证据存疑包含要件证据缺乏印证与要件证据之间存在矛盾，而推论性事实存疑则涵盖了结论不具有唯一性。不过，由于刚性出罪规则适用的僵硬性与局限性，显然不可能将所有疑案都纳入其中。这也就意味着，许多证据存疑与推论性事实存疑的案件，实际上不能通过刚性出罪规则的方式实现疑罪从无。此时，只能借助裁量性出罪规则来争取裁判者对案件适用疑罪从无。

3. 有效借助裁量性出罪规则实现疑罪从无

疑罪从无在刑事司法实践层面表现出的裁量性出罪规则主要是缺乏特定证据的无罪，这些特定证据尽管不属于要件证据，但对于裁判者查明犯罪事实及其各项细节而言，具有举足轻重的作用，主要包括：犯罪现场、作案工具、作案时间、被害人尸首等。在我国法定证明标准仍坚持传统的铁案标准之背景下，这些特定证据的缺乏往往会导致裁判者对犯罪事实的某些方面存疑，从而不敢作出确定的有罪判决。否则，将会面临司法责任终身负责制的潜在风险。对于此类缺乏特定证据的案件，近年来实践中的做法表现出一种通过无罪判决结案的趋势。因此，当案件存在证据存疑或推论性事实存疑，但又不符合规范层面的三种刚性出罪规则之时，还可以借助裁量性出罪规则的方式来实现疑罪从无。具体而言，可以通过向裁判者指出案件尚缺乏某些特定证据——如找不到犯罪现场、作案工具、被害人尸首，不能确定具体作案时间等，并进一步指出由于缺乏这些证据使得哪些犯罪事实处于模糊不清、真伪不明状态，从而说服法官适用疑罪从无作出无罪判决。

疑罪从无作为现代刑事司法的一项基本裁判原则,在人权保障、规范司法权,以及实现程序公正方面具有重要的功能价值,贯彻落实疑罪从无是法治国家的重要标识,也是遵循诉讼认识规律与防范冤案的必然要求。然而,需要注意的是,在实践中需要准确把握疑案的具体意涵,只有裁判者既不能对案件事实形成"真"的确信也不能形成"假"的确信,而是处于一种介于真与假之间的"犹疑不定"状态之时,才能认定为"疑案"。将"疑案"等同于"证据不足"案件,或者扩大解释为"任意怀疑"的案件,都是对疑罪从无原则的背离。此外,对于我国现行刑事法所坚持的铁案证明标准,尽管其对于疑罪从无的有效适用而言具有积极意义,但是,从诉讼认识规律来看,这种要求结论具有唯一性或追求绝对真实的铁案标准,无疑是过于理想化的。

第五讲
证据能力与证明力的实务判断

冯俊伟*

本讲的题目是《证据能力与证明力的实务判断》，主要包括证据能力与证明力概念厘清、证据能力的审查判断、证明力的合理评价三方面。

一、证据能力与证明力概念厘清

（一）不同的证据话语

在我国证据法理论和实践中，关于证据运用有不同的话语体系。第一种话语体系是证据"三性"（客观性、关联性、合法性）、定案依据等。第二种话语体系是相关性、可采性等英美证据法术语。第三种话语体系则是大陆法传统的国家使用的证据能力、证明力等，当然英美法系也有证明力的概念。① 需要注意的是，在我国的相关立法和实践中，三种话语体系都在使用，这在一定程度上也导致证据法话语体系的混乱。

---

* 山东大学法学院教授。
① 不同证据话语体系，参见郑飞：《证据属性层次论——基于证据规则结构体系的理论反思》，载《法学研究》2021年第2期，第123—137页。

（二）相近概念辨析

与证据能力相关的概念，主要包括证据效力、证明效力、证据力等，在此对这几个概念进行辨析。

证据效力是一个模糊术语，指代不清，内涵不明，在一些司法解释、立法文件中多次使用。有时候指的是证据能力，有时候指的又是证明力。比如2002年《最高人民法院关于行政诉讼证据若干问题的规定》第55条第3项中的证据效力到底指代的是证据能力还是证明力呢？并不清晰。①

证明效力在一些文献中也有使用，一般是指证明力，即证明作用的大小。

证据力一般是指证明力，或者证据价值，在一些学者的著作中也被使用，但是在具体所指方面也存在模糊性。

（三）证据能力与可采性

证据能力是大陆法系证据理论的术语，可采性是英美法系证据法的术语。二者是分属于不同法系证据制度的概念，在适用范围、具体表述等方面有区别，两个术语的详细比较，具体可以参考张保生教授主编的《证据法学》中的相关论述。一般而言，二者相同之处包括：一是均为证据信息进入诉讼设立条件，也即并非生活中任何与案件相关的信息都能作为法律证据使用；二是均以相关性或关联性为前提条件，比如与待证事实有相关性或者关联性；

---

① 2002年《最高人民法院关于行政诉讼证据若干问题的规定》第55条规定："法庭应当根据案件的具体情况，从以下方面审查证据的合法性：（一）证据是否符合法定形式；（二）证据的取得是否符合法律、法规、司法解释和规章的要求；（三）是否有影响证据效力的其他违法情形。"

三是二者均以促进真相发现为主要价值取向。这给我们最重要启示是,证据能力与可采性是证据信息或者证据材料进入诉讼的一个门槛。

(四)区分证据能力与证明力的意义

区分证据能力与证明力有重要的理论和实践意义:首先,有助于贯彻证据裁判原则,促进依据证据进行裁判。也可以表述为,对证据信息进入诉讼设立门槛。其次,对证据能力与证明力的区分,能够促进对公正、效率、和谐等价值的维护。例如,民事诉讼法律规定调解与和解中的妥协等不能在后续诉讼中作为证据使用,主要是为了消解当事人对调解、和解过程中可能会形成对自己不利的证据的担忧,促进纠纷的诉讼外解决。借鉴这一思路,在认罪认罚案件中也应设立类似的排除规则。最后,证据能力与证明力的区分带来了一种层次化的思维方式,即先证据能力后证明力判断。这既符合证据法原理,也能改善审查运用证据的思维方式。比如在一些判决书中,无论是民事还是刑事案件,与当事人有亲属关系的证人作出对该方有利的证言时,律师如何作为?部分辩护人提出因为证人与被害人有亲属关系,因此证据不可信、证明力比较低或者应当排除,这当然是一种辩护思路,但是其实应关注这个证人的作证资格、有无作证能力等问题,即先考虑证据能力的问题,再考虑亲属关系对证明力的影响。

二、证据能力的审查判断

在刑事案件中,如果一个关键证据被排除或者被认定不具备证据能力,在定罪或者量刑方面的辩护效果就会彰显。因此,证据能力的审查判断在刑事辩护中非常关键。

(一)严格证明与证据能力

严格证明与自由证明是大陆法系的重要概念,很多学者都对这两个概念作了论述。在严格证明中,需要证据材料具有证据能力。一般而言,严格证明的范围包括:一是构成要件事实;二是不利于被告人的量刑事实。在自由证明中,不需要证据必须具备证据能力,可以采用宽松的证据要求和证据核实方式。可以看出,在大陆法系的框架下,证据能力与严格证明密切相关。

(二)对证据能力的不同理解

证据能力到底是指法律上规定的定案依据,还是一项证据材料提交法庭的资格呢?这个问题在学术研究中是存在不同认识的。通过在"北大法宝"数据库中检索包含"证据能力"用语的刑事判决书发现,截至2020年10月,在检索到的包含"证据能力"的刑事判决书中,多数情形下法官将证据能力理解为证据信息提交法庭的资格。在理论上也可以分为两种观点:一种观点认为,证据能力包括法定证据方法与法庭调查等要求,类似于我国法律上规定的定案的根据;另一种观点认为,证据能力是一种证据资格要求,即能够提交法庭进行法庭调查的资格。结合我国相关立法,将证据能力作为证据资格是比较适当的。[①]

[①] 参见艾明:《我国刑事证据能力要件体系重构研究》,载《现代法学》2020年第3期,第71—84页。

（三）证据能力的判断顺序

判断顺序问题，学界也有很多的讨论。关于具体判断的内容大家也有不同认识。第一种观点主张先消极条件后积极条件，先判断是否属于排除规则的适用范围，再考虑其他的程序要求。如果属于证据排除或者证据禁止的范围，就不用再考虑其他事项。[①] 第二种观点则是先判断是否与待证事实具有关联，通过最小相关性检验后，再判断是否属于证据排除规则的适用范围，如美国《联邦证据规则》的规定。结合相关立法和实践，第二种观点更有助于辩护工作的开展，即先考虑相关性的问题，再考虑排除规则。

（四）证据能力的具体判断

如前所述，证据能力或者可采性都是为证据信息进入诉讼设立的门槛，在实践操作层面不用过分强调两者的差异。在具体审查判断上，可以先审查相关性，再进行证据排除规则审查。具体言之：

1. 相关性判断

在证据法上，有两句话非常重要。其一，不相关的证据不可采。大陆法系的关联性或者相关性是证据信息获得可采性或证据能力的前提，与待证事实不相关的证据材料对认定案件事实没有帮助，因此不可采。其二，相关的证据也不一定可采。与待证事实具有相关性的证据也可能因为其他原因被排除，从而不具有可采性或证据能力。在这方面，无论是英美法系还是大陆法系立法上都存在着诸多证据排除规则，我国刑事诉讼立法中也有很多证据排除

[①] 参见林钰雄：《严格证明与刑事证据》，法律出版社2008年版，第90—91页。

规则。

相关性如何判断？相关性的判断不是法律能解决的，而是逻辑和经验的问题。英国证据法学者进一步论述道："这种逻辑相关性的判断是以日常的逻辑经验为基础，辅以必要的专业知识(expert knowledge)为补充。"[1]在专业知识方面，随着科学技术的发展，越来越多的证据材料需要通过鉴定来确定其与待证事实的相关性。

案例5-1：赌博案[2]

在一起赌博案中，上诉人提出的上诉理由包括：1.案发后在公安机关第一次询问时主动交代全部案件事实，应认定为自首，且当庭认罪认罚；2.没有参与赌场的管理，只是偶尔打庄，应认定为从犯；3.实施的犯罪为非暴力性犯罪，主观恶性小；4.年满60岁，身患多病、病情危重。上诉人及其辩护人提交了相关证据材料。法院指出，上诉人及其辩护人提交的某医院的病历档案，该材料与本案事实无关联性，亦不属于法定从轻、减轻的量刑情节，不作为定案依据。

上述案例中法院所指的不作为定案依据，是指与待证事实没有相关性。相关性经常被认为是与案件事实相关，但是案件事实是笼统的概念，应当将案件事实打碎，强调与待证事实相关更加重要。

考虑到可采性、证据能力两个概念有为证据设定门槛的意义，并且英美证据规则的一些规定更为细致，下面简单介绍英美法

---

[1] Ian Dennis, The Law of Evidence, 4th ed., Sweet & Maxwell, 2010, p.63.
[2] 贵州省安顺市中级人民法院(2020)黔04刑终74号二审刑事判决书。

上的"为证据奠定基础"的概念。

为证据奠定基础也被称为"证据铺垫",是英美法系的一个重要概念。罗纳德·艾伦教授指出:"证据法有一个普遍原则,即必须证明有关证据就是提出证据的人所主张的证据,然后才有该证据的可采性问题。"① 从为证据奠定基础的角度出发,证人证言涉及证人资格、亲身知识等;对实物证据而言,主要是通过鉴真和辨认为证据奠定基础,通过证据保管链条完整、可辨识的特征来鉴真,或者经过适当辨认进行鉴真,其中涉及重要的证据保管问题。还有观点认为,为证据奠定基础是对相关性的一个具体化。整体而言,为证据奠定基础与相关性判断是有密切关联的。

《刑事审判参考》中吴某某故意杀人案,就涉及证据保管的问题。② 在辩护中,辩护律师也应当更重视实物证据的妥善保管、保管链完整等问题。

2. 证据排除规则审查

我国立法、司法中证据排除规则主要有:非法证据排除规则、意见证据排除规则、有限的传闻证据排除规则、最佳证据规则、品格证据排除规则。

意见证据排除规则是指普通证人一般不得发表猜测性、评论性的证言,其发表的意见证据应当排除。2021年《刑诉法解释》第88条第2款规定,"证人的猜测性、评论性、推断性的证言,不得作为证据使用,但根据一般生活经验判断符合事实的除外"。在一起盗窃

---

① 〔美〕罗纳德·J.艾伦、〔美〕理查德·B.库恩斯、〔美〕埃莉诺·斯威夫特:《证据法:文本、问题和案例(第三版)》,张保生、王进喜、赵滢译,满运龙校,高等教育出版社2006年版,第205页。

② 参见最高人民法院刑事审判第一、二、三、四、五庭主办:《刑事审判参考》(总第70集),法律出版社2010年版,第34—39页。

案中,受伤的证人在里屋听到隔壁屋有动静,感觉有一个人影进入屋子,他没有看到具体是谁,但是作证说感觉就是某某,这种证言是不能作为证据使用的。根据法律规定应当予以排除。

我国存在有限的传闻证据规则,一个重要的规定是《刑事诉讼法》第192条第1款:"公诉人、当事人或者辩护人、诉讼代理人对证人证言有异议,且该证人证言对案件定罪量刑有重大影响,人民法院认为证人有必要出庭作证的,证人应当出庭作证。"一些学者将其称为有限的传闻证据规则。

最佳证据规则在一定意义上也是一个排除规则,该规则鼓励提供原件、原物,因此对于二手证据,一般情形下也应当排除。

品格证据规则在我国法律中没有明确规定。在英美法系证据法上指的是品行不能代表行为,但是可以作为认定目的、动机等的证据。在我国实践中的一起敲诈勒索案件中,辩护人提出,上诉人(被告人)于某之前参与敲诈勒索的证据不能作为定案根据。法院先阐述了品格证据的概念,随后提出,这一证据主要是用来反驳被告人到案后提出的不知道如何进行技术处理的无罪辩解。因此,品格证据可以用于证明行为人实施了犯罪行为之外的其他目的。当我们的目光还停留在法律条文的时候,司法已经在悄然改进。

(五)延伸思考

在我国的立法框架下,对证据能力的审查判断,还需要做一个延伸的思考,因为证据能力问题并非仅局限于相关性和证据排除规则的审查,也涉及其他问题。简单谈一下以下五个方面:

1. 立案前通过强制性侦查手段所获的证据

在一些网络犯罪案件中,在立案前通过强制性侦查手段获得的证据是否具备证据能力呢？从刑事诉讼原理以及《刑事诉讼法》的规定来讲，不应具有证据能力，其原因在于，依据我国《刑事诉讼法》的规定，立案后才能够采取强制性侦查手段。

2. 非法定主体收集的证据

在我国的立法框架下，非法定主体收集的证据不应当作为证据使用。比如，在很多涉税犯罪案件中，税务机关的调查笔录是否可以作为认定被告人有罪的证据使用？答案是不能的。按照《刑事诉讼法》第54条第2款的规定，行政机关在行政执法和查办案件过程中收集的物证、书证、视听资料、电子数据等实物证据才能在刑事诉讼中作为证据使用，这个基本立场在最高人民法院的司法解释中也有体现。

3. 非法定证据种类的证据材料

我国《刑事诉讼法》第50条第2款采取了封闭列举式的方法规定了八大类证据类型："证据包括：（一）物证；（二）书证；（三）证人证言；（四）被害人陈述；（五）犯罪嫌疑人、被告人供述和辩解；（六）鉴定意见；（七）勘验、检查、辨认、侦查实验等笔录；（八）视听资料、电子数据。"按照学界通说，不属于或者不能归于这八大类的证据材料，一般认为不能作为刑事证据使用。

4. 未公证、认证的域外证据

一些网络赌博、涉外走私案件可能涉及这方面的证据，按照2021年《刑诉法解释》第77条第2款的规定："当事人及其辩护人、诉讼代理人提供来自境外的证据材料的，该证据材料应当经所在国公证机关证明，所在国中央外交主管机关或者其授权机关认证，并经中华人民共和国驻该国使领馆认证……"如果当事人及其辩护人、诉讼代理人提供来自境外的证据材料，没有经过公证或者认证不得作为证据使用。这个规定在证据法原理上存在问题,应当及时作出修改。

5. 非刑事程序中形成的证据

《刑事诉讼法》第54条第2款是对行政执法证据与刑事诉讼证据衔接的规定:"行政机关在行政执法和查办案件过程中收集的物证、书证、视听资料、电子数据等证据材料,在刑事诉讼中可以作为证据使用。"在比较受关注的刑民交叉、行刑交叉的案件中,民事证据是否一定不能成为刑事证据,可以多做研究和思考。很多实体法学者提出了富有启发性的观点,比如民事免责事由在一定条件下可以成为刑事免责的事由。[①] 如果这个观点成立,民事证据在一定情形下也可以作为刑事证据使用。

三、证明力的合理评价

(一)一般原则

证据证明力的评价应当遵循自由评价的要求,具体而言应当回到个案,主要判断方法是经验法则和日常逻辑。历史上曾经有一个法定证据时期,即法律预先对证据的证明力大小进行规定,后来随着历史的发展这种做法被否定了。

关于证明力评价,艾伦教授提出,应重视潜在推论的强度、起点

[①] 参见孙国祥:《民法免责事由与刑法出罪事由的互动关系研究》,载《现代法学》2020年第4期,第156—170页。

的确定性和证据需要三个方面。① 还有人提出,使用概率论可以评价出证明力的大小。② 例如,有人认为,有仇怨的犯罪嫌疑人在概率上,实施犯罪行为的可能性更高。这种推论是不可靠的,这里面存在一个与被害人无仇怨的人实施犯罪的概率如何确定的问题,因而,概率论在评估证明力的过程中作用是有限的。

(二)我国立法、实践中的证明力规则

1. 口供补强规则

《刑事诉讼法》第 55 条第 1 款规定:"对一切案件的判处都要重证据,重调查研究,不轻信口供。只有被告人供述,没有其他证据的,不能认定被告人有罪和处以刑罚;没有被告人供述,证据确实、充分的,可以认定被告人有罪和处以刑罚。"从这个条文可以看出,我国的口供补强规则需要进一步解释,比如补强的是什么?一般认为,补强的应该是指向行为人实施犯罪的部分,并且用以补强的证据应该是具有独立来源的证据。

2. 孤证不能定案规则

孤证不能定案规则在大陆法系与英美法系都存在。这里的"孤证"不应当是指证明案件已经发生的证据,而是指证明犯罪嫌疑人、被告人实施了犯罪行为的证据,这有助于防范冤错案件的发生。

从历史上讲,孤证不能定案体现出了对于追诉犯罪的一种审慎

---

① 参见〔美〕罗纳德·J. 艾伦、〔美〕理查德·B. 库恩斯、〔美〕埃莉诺·斯威夫特:《证据法:文本、问题和案例(第三版)》,张保生、王进喜、赵滢译,满运龙校,高等教育出版社 2006 年版,第 166—168 页。

② 参见曹佳:《司法证明概率论:理论基础、应用局限与前景展望》,载《甘肃行政学院学报》2017 年第 4 期,第 117—126 页。

的态度,近年来也有部分学者在反思孤证不能定案规则,提出了这一规则适用的例外。[①] 一般认为,此处孤证的重点应该是指证明犯罪嫌疑人、被告人实施了犯罪的证据,而非犯罪事实已经发生的证据,否则可能出现冤假错案。在很多被纠正的冤假错案中,证明犯罪事实已发生的证据其实并不缺乏,缺乏的是可靠的、指向犯罪嫌疑人、被告人实施了犯罪行为的证据。

3. 庭前供述运用规则

《死刑案件证据规定》第22条第2、3款

被告人庭前供述一致,庭审中翻供,但被告人不能合理说明翻供理由或者其辩解与全案证据相矛盾,而庭前供述与其他证据能够相互印证的,可以采信被告人庭前供述。

被告人庭前供述和辩解出现反复,但庭审中供认的,且庭审中的供述与其他证据能够印证的,可以采信庭审中的供述;被告人庭前供述和辩解出现反复,庭审中不供认,且无其他证据与庭前供述印证的,不能采信庭前供述。

律师在辩护过程中应当关注《死刑案件证据规定》对庭前供述与庭审供述的相关规定,这一规定在证据法原理上也存在一定问题。

4. 证明力的提示性规则

《死刑案件证据规定》第37条

对于有下列情形的证据应当慎重使用,有其他证据印证的,可以采信:

[①] 纵博:《"孤证不能定案"规则之反思与重塑》,载《环球法律评论》2019年第1期,第149—163页。

（一）生理上、精神上有缺陷的被害人、证人和被告人，在对案件事实的认知和表达上存在一定困难，但尚未丧失正确认知、正确表达能力而作的陈述、证言和供述；

（二）与被告人有亲属关系或者其他密切关系的证人所作的对该被告人有利的证言，或者与被告人有利害冲突的证人所作的对该被告人不利的证言。

这个规则是对证明力评价的提示性规则，将印证与证据采信结合在了一起，学者也提出了很多批评。

2001年《最高人民法院关于民事诉讼证据的若干规定》（以下简称《民事证据规定》）第77条

人民法院就数个证据对同一事实的证明力，可以依照下列原则认定：

（一）国家机关、社会团体依职权制作的公文书证的证明力一般大于其他书证；

（二）物证、档案、鉴定结论、勘验笔录或者经过公证、登记的书证，其证明力一般大于其他书证、视听资料和证人证言；

（三）原始证据的证明力一般大于传来证据；

（四）直接证据的证明力一般大于间接证据；

（五）证人提供的对与其有亲属或者其他密切关系的当事人有利的证言，其证明力一般小于其他证人证言。

这个规定虽然在新的《民事证据规定》中已经不存在了，但是它仍然存在于地方性证据规定之中，也影响了很多人关于证明力判断的思维方式，这个思维方式是不准确的，也是需要反思的。

对于应在案但缺失的证据证明力如何评价？这也是需要关注的一个重要问题，如果证据未收集，或者证据因未妥善保管而不在案,律师如何提出辩护意见?从比较法上看,在这种情形下,辩护律师应根据个案情形,结合"应在案而未在案的证据"是否可能对被告人有利、是否系关键证据等因素,提出"应在案而未在案的证据"对被告人有利的辩护意见。需要注意的是,最高人民法院聂树斌案再审无罪刑事判决书也对这个问题作了回应。

案例5-2:聂树斌被控故意杀人、强奸妇女案①

聂树斌再审判决书中指出:"聂树斌被抓获之后前5天讯问笔录没有入卷,既与当时的法律及公安机关的相关规定不符,也与原办案机关当时办案的情况不符……综上,由于上述讯问笔录缺失,导致聂树斌讯问笔录的完整性、真实性受到严重影响。对申诉人及其代理人提出聂树斌被抓获之后前5天有讯问笔录,且缺失的笔录可能对聂树斌有利的意见,对检察机关提出缺失这5天讯问笔录存在问题的意见,本院予以采纳。对申诉人及其代理人提出办案机关故意销毁、隐匿讯问笔录、制造假案的意见,因无证据证实,本院不予采纳。"

(三)对证明力规则的反思

总体而言,不考虑具体案件情形,由法律预先对各种证据的证明力大小作出规定是一种理性的自负,是不可能实现的。对证据证明力的评价应该回到个案。所以有四个方面需要简单回顾。

1. 实物证据的证明力大于言词证据吗?

答案是不一定的,实物证据的可靠性和稳定性确实比言词证据高,但是回到个案,实物证据的证明力不一定比言词证据高,因为其

---

① 中华人民共和国最高人民法院(2016)最高法刑再3号刑事判决书。

可能被毁损和污染或出现其他问题。

2. 直接证据的证明力大于间接证据吗？

很多时候，犯罪嫌疑人的供述是直接证据，但是这些供述的证明力比鉴定意见的证明力大吗？答案是不一定的，证明力的判断需要综合考察证据与待证事实的关联程度、可靠性、可信性等。也有很多学者在反思，是否真的存在所谓的直接证据。

3. 证据适用机械主义的问题

在实践中，证明某一待证事项的证人数量多，就意味着证言更加可信吗？答案是不一定的，不应僵化地理解印证的要求，在证明力判断上也不应机械地根据证据的数量进行判断。

4. 大数据证据的证明力反思

大数据证据的证明力如何？应当明确的是，部分大数据的检索或者分析本身就是对于待证事项的证明，但是，还有一些对数据的分析只能作为侦查线索而不能作为诉讼证据使用，更谈不上证明力的问题。

第六讲
非法证据排除规则在辩护中的运用

高 洁[*]

本讲讨论的主题是《非法证据排除规则在辩护中的运用》。按照陈瑞华教授所说,辩护可以分为实体性辩护与程序性辩护。其中实体性辩护是指依据刑法所进行的辩护,包括主体身份、主观故意等内容。程序性辩护则是指依据刑事诉讼法进行的辩护,包括:提出相关的程序性申请,如回避、管辖、证人出庭等;以及证据角度的辩护,主张案件事实不清、证据不足,应判无罪;还有一类非常重要的程序辩护是申请公安机关的诉讼行为无效,而非法证据排除规则就属于此类型。非法证据排除辩护的特殊性在于,其他辩护是针对控方指控进行的抗辩,而非法证据排除辩护则是指控侦查机关的侦查行为违法,属于反守为攻的辩护,被艾伦·德肖维茨律师称为"最好的辩护"。但也有人指出,非法证据排除规则是"屠龙之术",因为其本质上是要求法院审查侦查机关的侦查行为的合法性,但是我国法院的地位并没有那么强势,要求其排除侦查机关取得的证据是非常难的。但是不管怎么说,既然刑事诉讼法给了犯罪嫌疑人、被告人及其辩护律师这样的权利,辩护律师就应该为了当事人的利益努力去争取。

本讲针对非法证据排除规则在辩护中的运用问题进行探讨,主

---

[*] 首都经济贸易大学法学院副教授。

要围绕排非规则在证据法体系中的定位、排非规则的适用范围、如何启动排非程序、如何说服法官排非、排非没有成功怎么办五个方面展开。

一、排非规则在证据法体系中的定位

之所以首先讲解这个问题，是因为实践中有人对排非规则的定位不清晰。证据法可以分为证据规则与证明规则。证明规则是针对全案证据认定活动的审查规则，包括证明对象、证明责任与证明标准。证据规则是针对单个证据进行审查判断的规则。针对单个证据，主要审查的是证据的证据能力与证明力两方面的内容。所谓证据能力，是指一个证据能够进入法庭，据以证明案件事实的资格，主要是证据的合法性问题；所谓证明力，是指一个证据能够证明案件事实可能存在或不存在的能力，主要包括相关性和真实性问题。对于证据的审查，首先看它有没有证据能力，如果连进入法庭的资格都没有，那就根本不需要考虑证明力问题。

一般认为，证明力属于逻辑经验问题，交由法官自由裁量，不在法律中预先规定。审查证据首先要考虑的是证据能力问题，证据能力是需要法律予以规定的内容。非法证据排除规则属于典型的证据能力规则，但它并非证据能力规则的全部，而主要针对的是取证手段不合法所获取的证据。除取证手段不合法之外，还有部分证据会因为取证主体、表现形式等原因而不具有证据能力。与其他国家不同，我国基于对法官群体的不信任，对证明力问题也制定了一些限制性的规则，主要针对证据的真实性与相关性问题。

非法证据排除规则属于证据能力规则中非常重要的一部分，先

来看几个具体问题:

(一)所有的证据排除规则都是排非规则吗?

这里的证据排除规则是广义的内容,是指一个证据依法不能够成为定案根据的情况。是不是所有的证据排除规则都是排非规则呢?显然不是。首先,我国证据法确立了一些旨在限制证据证明力的规则,由于无法保证其真实性和相关性,所以规定"不得作为证据使用",或者"不得作为定案的根据"。例如,2021年《刑诉法解释》第88条规定,"处于明显醉酒、中毒或者麻醉等状态,不能正常感知或者正确表达的证人所提供的证言,不得作为证据使用。证人的猜测性、评论性、推断性的证言,不得作为证据使用,但根据一般生活经验判断符合事实的除外"。这些证据排除规则所针对的主要是证据本身的真实性、相关性问题,不属于证据能力规则,而是属于证明力规则。有些学者认为,真实性存疑的证据排除为不可靠证据排除规则。其认为是基于证明力的考虑而创设的证据能力规则。因为这些证据不可信,所以彻底否定了其证据能力。

(二)所有的证据能力排除规则都是排非规则吗?

证据排除规则中有一部分是证明力规则,还有一部分是证据能力规则,但并不是所有的证据能力排除规则都是排非规则。排非规则所针对的是取证手段不法的证据,而判断一个证据的证据能力,不仅看取证手段,还要看:第一,取证主体的合法性,比如一个侦查人员和一个辅警一起获得的证人证言,当然不能作为定案的根据;第二,证据表现形式的合法性,比如鉴定意见缺少鉴定人的签名或者鉴定机构的盖章,不能作为定案的根据;第三,法庭调查程序的合法性,比如没有经过庭审举证、质证的证据,不能作为定案根据。所谓的排非规则,所针对的仅是取证手段不合法的证据。

(三)所有取证手段不合法的证据都适用非法证据排除规则吗?

也不是。取证手段不合法的证据分为非法证据和瑕疵证据,两者的关键区别在于是否侵犯了犯罪嫌疑人、被告人的基本权益。瑕疵证据虽然证据收集程序不够规范,但是并没有侵犯犯罪嫌疑人的基本权益,而且对真实性的影响也不大,属于技术性的缺陷,还是会给侦查人员补救的机会,可以补正或者做出合理的解释。2021年《刑诉法解释》中规定,瑕疵证据"经补正或者作出合理解释的,可以采用"。比如该解释第86条第2款、第90条、第95条所规定的,提取物证的笔录中没有侦查人员的签字,询问证人没有在规定的地点或者首次讯问的时候没有记载告知被讯问人诉讼权利的情形。因为侦查人员的违法程度比较轻,如果能够补正或者作出合理解释的话,还是可以采用。非法证据则不同,不仅取证方式违反法定程序,而且严重侵犯了犯罪嫌疑人的基本权利。比如刑讯逼供获取的口供,侵犯了犯罪嫌疑人的人身健康和人格尊严的权利;非法搜查侵犯了犯罪嫌疑人的公民住宅不受侵犯的权利、隐私权以及财产权。

之所以区分非法证据排除规则和其他证据排除规则,主要是因为这两者的审查程序是完全不同的。其他证据能力或者证明力的问题,可以直接在庭审调查质证环节提出,而非法证据排除规则需要在实体审判之外启动一个专门的程序来进行审查。这是因为非法证据排除程序是一个独立于实体审判之外的独立的审判,是一个独立的案件。在该案中，被告人是被指控非法取证的侦查人员，原告是刑事审判的被告人，公诉人成了被告人的代理人，法庭所审查的是侦查人员是否存在非法取证行为。在英美法系国家，非法证据排除被称为"案中案""审判之中的审判"。通过这一审判，法庭要确定侦查人员是否存在非法取证行为，非法取得的证据是否要排除。其他证据排除没有这么复杂，只要在法庭调查阶段质证即可。

在英美法系国家，非法证据排除之所以不放在法庭调查中进行，是因为不想让陪审团受到非法证据的"污染"。英美法系国家实行陪审团制度，陪审团负责裁判事实问题，法官负责裁判法律问题，非法证据排除与否是法律问题。只要这些非法证据进入法庭，陪审团就会受到这些证据的影响，难以抹除。如果法官将非法证据排除于庭审之外，陪审团就不会接触这些证据，不会受到这些证据的影响，可以在非法证据与事实裁判者之间起到隔离的作用。我国没有实行陪审团制度，法律问题和事实问题都是法官负责审理，不存在隔离问题，为什么非法证据不能在实体审判中进行审查呢？这是因为，一方面，非法证据排除不是简单地质证，而是启动了独立的案件，如果放在法庭调查阶段，那么会扰乱整个审判程序；另一方面，如果在尚未确定证据是否非法、应否排除的情况下，就进入法庭调查和法庭辩论，那么控辩双方不知道这个证据能不能使用，会影响到指控和辩护的思路，造成一定的混乱。所以才规定了非法证据排除先行调查原则和当庭裁决原则。

但是比较遗憾的是，司法实践并未很好区分非法证据与其他证据。有些律师对其他证据也可能提出非法证据排除申请。其实，非法证据排除是一个非常特殊的制度，除了《刑事诉讼法》第56条所规定的情形，在法律和司法解释的规定中没有任何一个地方用到证据"排除"的概念。

二、排非规则的适用范围

根据《刑事诉讼法》第 56 条第 1 款的规定,非法证据包括非法言词证据与非法实物证据。其中,非法言词证据是指"采用刑讯逼供等非法方法收集的犯罪嫌疑人、被告人供述"和"采用暴力、威胁等非法方法收集的证人证言、被害人陈述",对于这类证据,《刑事诉讼法》规定的是"应当予以排除",没有给法官留下裁量的空间。非法实物证据是指不符合法定程序收集的物证、书证,对于这类证据,《刑事诉讼法》并未规定直接予以排除,而是要审查是否严重影响司法公正,确实严重影响司法公正的,还要审查公诉机关是否能够补正或者作出合理解释,连补正或者合理解释都无法作出的,才会予以排除。对这两项条件是否具备的判断,法官拥有裁量权。《刑事诉讼法》对这两种非法证据排除与否的规定存在重大差别,非法言词证据为"强制性排除",即只要是非法证据,那么必须排除、自动排除、绝对排除;非法实物证据为"裁量性排除",即虽然是非法证据,排还是不排法官还要进行权衡,考虑非法取证行为的严重性、损害的法益的大小、采纳该证据对司法公正的影响、能否补救等问题。两者的关键区别在于,在已经确定证据取得非法的情况下,法官对于排除与否是否享有裁量权。

(一)非法供述的范围

根据《刑事诉讼法》第 56 条的规定,"采用刑讯逼供等非法方法收集的犯罪嫌疑人、被告人供述",应当予以排除。那什么是"刑讯逼供等非法方法"呢？

1. 什么是刑讯逼供？

对此，2021年《刑诉法解释》、"两高三部"《关于办理刑事案件严格排除非法证据若干问题的规定》（以下简称《严格排非规定》）、《人民法院办理刑事案件排除非法证据规程（试行）》（以下简称《排除非法证据规程》）以及《人民检察院刑事诉讼规则》中都作出了规定。从行为方式上来看，刑讯逼供的行为包括两类：一类是肉刑，也就是让人身体产生疼痛的暴力方法，包括殴打、捆绑、违法使用戒具等。殴打属于常见的刑讯逼供方法，近年来曝光的很多冤假错案中都存在通过暴力殴打获取有罪供述的问题。这些方法会给人的身体造成直接的疼痛，容易让人就范，但通常也会留下伤痕，容易被人发现。现在这种方法逐渐用得少了，更多采取另一类，即变相肉刑的方式。所谓变相肉刑，是指不直接与被讯问人产生身体接触，不会让身体疼痛，但同样会让人产生痛苦的方法。包括较长时间的冻、饿、烤、晒，疲劳审讯，保持体位等。当然，实践中还有很多其他情形，无法完全列举。

是不是采取上述方式就一定构成刑讯逼供呢？还需要满足两个条件，一是被讯问人因为遭受肉刑或者变相肉刑而遭受难以忍受的痛苦，一般的可以忍受的痛苦不属于这种情况，比如被讯问人被侦查人员打了一拳，恐怕很难被认定为刑讯逼供，除非有证据证明被讯问人所遭受的痛苦程度。二是被讯问人因为遭受了难以忍受的痛苦而违背意愿作出供述，也即在意志不自由的状态下进行了供述，这就违反了自白的任意性。也即，被讯问人本来可以自由决定供述还是不供述，因为遭受刑讯逼供而没得选择。

可能会有人提出疑问，什么算是难以忍受的痛苦，什么是可以忍受的痛苦,如何区分。有的人意志坚定,誓死不从,也有的人比较脆弱,对疼痛非常敏感。当然,这几年昭雪的那些冤假错案,像杜培武案、赵作海案等一般不会有疑问,被告人通常都被打严重,甚至身体因此落下残疾。但是有的时候就会比较模糊,比如被踢了几脚,或者连续讯问了二十几个小时没有休息,算不算刑讯逼供?

这里需要注意,刑讯逼供得来的口供之所以不能用,关键是因为剥夺了被讯问人的意志自由权。每个人情况不同,一个壮汉和一个柔弱的小姑娘不能等同视之,一个健康的人和一个疾病缠身的人也不能等同视之。辩护人除了要考虑刑讯的行为本身,也要在具体案件中考虑被告人的自身情况,要注意刑讯对被告人所造成的影响,给其带来的痛苦程度。在当时情况下,自由意志是否受到了严重的压制甚至剥夺,还能否应对讯问。

以下为一个涉及疲劳审讯问题的案例:

案例6-1:吴毅、朱蓓娅贪污案[①]

被告人吴毅当庭提出,其到案初期所作的四次有罪供述系受到侦查机关疲劳审讯、精神恍惚情况下作出的。辩方提供了被告人吴毅到案时间、到案初期数次讯问的时间,以证明侦查机关对其实施了长时间的疲劳审讯。法院启动非法证据排除程序进行调查,当庭播放了讯问过程的同步录音录像,通知侦查人员出庭作证,对取证过程进行说明。讯问笔录和同步录音录像反映,侦查机关采用上下级机关"倒手""轮流审讯"的方式连续讯问被告人吴毅长达三十多个小时,而且其间没有给予被告人吴毅必要休息,属于疲劳审讯。法院指出,"这种疲劳审讯

[①] 参见最高人民法院刑事审判第一、二、三、四、五庭主办:《刑事审判参考》(总第106集),法律出版社2017年版。

属于一种变相肉刑,它对公民基本权利的侵犯程度与刑讯逼供基本相当。吴毅在这种情况下所作有罪供述不能排除是在精神和肉体遭受痛苦的情况下,违背自己意愿作出的"。

但是到底持续多长时间属于疲劳审讯?法律没有明确规定。在考虑是否属于疲劳审讯的时候,需要注意不要只看持续时间,刑讯逼供针对的是使人意志不自由的情况,因此犯罪嫌疑人的状态也很重要。如果是生病、身体虚弱的人,不让他休息持续讯问,可能十个小时甚至几个小时就撑不住了。

2."等"包括哪些行为?

《刑事诉讼法》将"等"与"刑讯逼供"相并列,说明两者的程度是相当的,都是对被告人的自由意志形成压制,使被告人没得选择。根据相关司法解释的规定,"等"包括以下几种情况:

(1)严重威胁。

所谓严重威胁,是指以暴力或者严重损害本人及其近亲属合法权益等进行威胁。这里的威胁不是一般的威胁,而是非常严重的威胁,使被告人遭受难以忍受的痛苦,迫使被告人违背意愿供述。这种威胁与刑讯逼供的程度基本相当,同样让人遭受难以忍受的痛苦,同样被剥夺了供述还是不供述的意志自由,也被称为精神上的刑讯。司法实践中,有这种类似情况。比如威胁被讯问人,如果你不说就吊起来打,这是以暴力相威胁。又如侦查人员威胁被讯问人,如果不老实交代就把你的女儿抓起来,这是以被讯问人近亲属的合法权益相威胁。

不过需要注意,这里讲的是以"合法权益"相威胁,有些虽然也是威胁,但并不属于被告人的合法权益,这时候恐怕就不能认定为

非法证据了。到底算不算严重侵犯本人及其近亲属的合法权益,我们来看几种情形:

第一种情形,"如果你不认罪,直接拉出去开枪击毙说你畏罪潜逃"。这是以侵犯合法权益相威胁。

第二种情形,"如果你不认罪,我就去查查你家的财产"。这在职务犯罪中比较容易出现。比如某案中,被告人因为受贿罪被指控,当时办案人员跟他说,"如果你不认罪,那我们就去查你家的财产"。刑法中有巨额财产来源不明罪,如果发现被告人的财产与合法收入之间差额巨大,被告人又不能说明财产来源的,可以认定此罪。这时候被告人担心的不仅是多了一个罪名,而且担心家里财产会被认定为违法所得而没收,这会影响到家人的生活。但是,能不能认为这属于以侵犯被告人的合法权益相威胁呢?恐怕不行。如果被告人确实存在巨额财产来源不明的情况,那么办案人员依据职责应当查处。

第三种情形,"这个案件你不招,至少得判无期"。如果该案件所涉嫌的罪名依据刑法规定确实可能判处无期徒刑,那么难以认为侦查人员是在以被讯问人的合法权益相威胁。

第四种情形,"如果你不认罪,我就把你女儿抓过来"。比如:

案例6-2:郑祖文贪污、受贿、滥用职权案[①]

郑祖文提出,其之所以承认收受贿赂款,是因为侦查人员以抓捕其家属相威胁,该供述应当作为非法证据予以排除。法庭经审理查明,郑祖文辩称侦查人员威胁他不承认受贿就查处其女婿公司,抓捕其女儿、女婿,威胁内容、时间、地点和实施人

---

① 参见最高人民法院刑事审判第一、二、三、四、五庭主办:《刑事审判参考》(总第106集),法律出版社2017年版。

员均具体、明确,并得到相关书证、证人证言的证实,具体体现在:郑祖文的女儿郑某某、女婿陈某某于2011年8月19日下午3时被传唤到侦办机关并被留置至8月20日晚上7时;首次承认受贿的讯问笔录没有记载讯问的起止时间,看守所的记录反映当天的讯问持续达8个多小时,但讯问录音录像却只有半小时的认罪供述。因此,郑祖文的辩解具有合理性。结合本案的实际情况,郑祖文被讯问时已退休近10年、年近70岁,因个人的原因导致女儿、女婿(公职人员)被检察机关"抓起来",这对其心理必然起到强烈的胁迫作用,迫使他为保住一家老小的平安,选择做出牺牲,违背意愿作出有罪供述。这种以针对被告人本人及其亲属的重大不利相威胁,产生的精神强制效力达到了严重程度,极大可能导致被告人精神痛苦并违背意志进行供述。

所以,判断是否属于严重威胁,关键是看威胁是否大到足以令被讯问人自由意志被剥夺或者压制,还有无选择的可能性。不过,如果被讯问人的女儿、女婿本来就涉嫌犯罪,警察也知道,这种情况下对被告人威胁而得到的供述是否属于非法证据呢?那就难认为是以合法权益相威胁。

当然,将威胁限定为合法权益是否合适可以再做探讨。只要是对自己权益或者近亲属权益的重大不利,无论所侵犯权益是否合法,都会严重影响被讯问人的自由意志,在这点上并无区别。虽然有些证据不能作为非法证据予以排除,但是仍然可以质疑其证明力。

(2)非法限制人身自由。

"等"里面还包括非法限制人身自由的情况,比如非法拘禁等。其中非法拘禁主要包括:一是没有达到法定条件,比如缺乏基本的证据。二是没有办理法定手续而予以拘禁的情况,比如没有办理拘留证、逮捕证就将人拘禁的情况。三是超期羁押的情况,虽然有羁押手续,但是已经超过了羁押期限仍不释放的情况。四是变相拘禁的情况,比如以连续传唤、拘传的方式进行羁押,这是刑诉法明文禁止的情况;又如指定居所监视居住的情况下,将居所指定在看守所或者办案场所,这些都属于变相羁押的情况。

这里需要注意的是,与刑讯逼供和严重威胁的情形不同,非法限制人身自由属于严重侵犯被告人人身自由权的行为,在此期间所收集的供述属于非法证据,应予排除,不要求被讯问人遭受难以忍受的痛苦,从而违背意愿作出供述。

案例6-3:黄金东受贿、陈玉军行贿案[①]

黄金东在被传唤至检察机关接受调查后,持续近90个小时的时间没有休息,连续制作了7份讯问笔录。

控方给出的解释是,黄金东隐瞒其人大代表身份,从而导致检察机关向人大常委会报批延迟。法院认为:其一,办案单位传唤被告人到案后持续羁押超过法定期限,属于非法限制人身自由。办案单位向人大常委会报告的问题与传唤的法定期限无关。传唤持续的时间不得超过12小时;案情特别重大、复杂,需要采取拘留、逮捕措施的,传唤持续的时间不得超过24小时,并且不得以连续传唤的方式变相拘禁犯罪嫌疑人。其二,采用非法限制人身自由的方法取得供述,属于《刑事诉讼法》第52条规定的"其他非法方法",由此取得的供述应当予以排除,不得作为诉讼证据使用。

[①] 参见最高人民法院刑事审判第一、二、三、四、五庭主办:《刑事审判参考》(总第108集),法律出版社2017年版。

(3)重复性供述。

之前很长一段时间,被告人的重复性供述是不能排除的,所导致的后果是排非一般情况下没有意义,因为通常被告人的有罪供述会有多份,即使一份供述被排除,并不影响定罪。因此,被告人也就没有了申请排非的动力,排非规则失去意义,这被实务界和学术界所诟病。这种情况终于在2017年《严格排非规定》颁布后发生了改变。根据该规定,重复性供述的排除采取了原则加例外的方式,主要考虑是,被告人之后也可能基于真诚悔罪或者从宽处罚的需求而自愿选择认罪。2021年《刑诉法解释》也基本沿袭了这一规定。

依据2021年《刑诉法解释》第124条,重复性供述是指被告人在被刑讯逼供作出供述后,受该刑讯逼供行为的影响而作出的与该供述相同的重复性供述。在什么情况下可以不排呢?在刑讯逼供对后来供述的影响已经被稀释或者切断的情况下,被告人基于自由意志而进行的供述可以不排。依据该规定,主要包括两种情形:一是"调查、侦查期间,监察机关、侦查机关根据控告、举报或者自己发现等,确认或者不能排除以非法方法收集证据而更换调查、侦查人员,其他调查、侦查人员再次讯问时告知有关权利和认罪的法律后果,被告人自愿供述的";二是变更诉讼阶段,"审查逮捕、审查起诉和审判期间,检察人员、审判人员讯问时告知诉讼权利和认罪的法律后果,被告人自愿供述的"。在这两种情况下,由于讯问人员已经变更,且再次告知了诉讼权利和认罪后果,刑讯逼供的影响被认为已经稀释了

不过,基于这样的规定,公安机关、检察机关也有应对的方法。比如,侦查过程中有意更换侦查人员多次提讯,检察官在批捕、审查起诉阶段亲自提讯,以形成更多有罪供述。但需要注意的是,根据

上述规定,侦查人员更换的前提是发现了非法取证行为可能存在,而不是根据一般的工作安排,辩护律师可以提出这种人员变更不符合规定中的例外情形。有律师提出,这一规定存在着纰漏。司法实践中,很多犯罪嫌疑人不懂法律,文化水平不高,没有办法区分侦查人员与检察人员,而且实践中的权利告知程序也非常简单,犯罪嫌疑人并不能真正理解,其实很难将刑讯逼供对犯罪嫌疑人的心理影响减轻。除非明确告知犯罪嫌疑人,之前的供述因为疑似存在非法取证行为已经被排除,接下来你可以依据自己的意愿自由供述。

下面为案例 6-4。

案例 6-4:文某非法持有毒品案①

文某因涉嫌运输毒品犯罪被提起公诉,审判时文某及其辩护人辩称,其在侦查阶段的有罪供述系侦查机关刑讯逼供的结果,相关供述应当作为非法证据予以排除。检察机关提出,文某在审查阶段的有罪供述能够证明其运输毒品犯罪事实。法院认为,文某在侦查、审查起诉阶段的有罪供述具有连贯性,既然侦查阶段的有罪供述应当依法予以排除,那么检察机关在审查起诉阶段的取证亦应依法予以排除。

虽然更换了诉讼阶段,由检察官而不是侦查人员向文某讯问,但是由于文某在向检察机关反映其被刑讯逼供的痛苦遭遇后,非但未获得检察机关的积极回应,反而继续让其作有罪供述,一定程度上让其感觉检察机关与侦查机关是同一条战线的,其心理包袱不是减轻而是加重了,因此犯罪嫌疑人在审查起诉阶段所作的

---

① 参见最高人民法院刑事审判第一、二、三、四、五庭主办:《刑事审判参考》(总第101集),法律出版社2015年版。

有罪供述也应予以排除。在这种情况下,犯罪嫌疑人的恐惧心理并没有消除,刑讯逼供的影响依然存在。该案的重要性在于,它并没有局限于《严格排非规定》中刑讯逼供影响下的重复性供述,而是把严重威胁影响下的重复性供述也放入非法证据之列,予以排除。其实除了刑讯逼供,其他非法取证行为也可能给犯罪嫌疑人、被告人造成严重的心理上的影响,压制了犯罪嫌疑人、被告人的自由意志,只要会切实影响到犯罪嫌疑人、被告人供述的自愿性,都可以申请排除。

重复性供述还有其他问题值得探讨,比如重复性供述必须是与刑讯所得供述完全一致吗?如果前后两次对于作案工具作出不同的供述,是否属于重复性供述?重复性只要是对犯罪基本事实的同一即可,不要求事实细节上完全一致。

(4)其他。

司法解释的规定仅仅是一种不完全的列举,如果存在其他情况,与刑讯逼供一样能够压制甚至剥夺人的自由意志,同样属于非法的供述。

这里有个问题,一般的威胁、引诱、欺骗所获取的证据是否应当排除?这个问题很难简单回答,因为一般的威胁、引诱、欺骗与讯问策略常常难以区分。讯问是一个心理战,需要运用一些策略,比如,让犯罪嫌疑人、被告人误认为侦查人员已经获得了确凿的证据。这也是威胁、引诱、欺骗所获取的证据在实践中难以排除的原因。但是,如果威胁、引诱、欺骗超过了一定的限度,让犯罪嫌疑人、被告人产生了严重的精神痛苦,或者给犯罪嫌疑人、被告人造成了严重的心理强制,使其无法自由选择供述与否的,这样的供述也要排除。比如,侦查人员采用以非法利益进行引诱的方法或者以严重违背社会公德的方式进行欺骗的方法收集犯罪嫌疑人、被告人供述,可能严重侵犯公民权利、严重侵害供述客观真实性的,对有关供述应当予以排除。比如,欺骗犯罪嫌疑人、被告人说其母亲现在病危,如果认罪就让见最后一面,又如,跟犯罪嫌疑人、被告人说只要认罪,最后只是判个缓刑,实际上最后判刑十几年。

最后,需要注意的是,《排除非法证据规程》第26条中规定了几种特殊情形,虽然不是直接作为非法证据排除,但是如果公诉方所提供证据不能排除以非法方法收集的话,那么就应予以排除。包括:第一,应当对讯问过程录音录像的案件没有提供讯问录音录像,或者讯问录音录像存在选择性录制、剪接、删改等情形;第二,侦查机关除紧急情况外没有在规定的办案场所讯问;第三,驻看守所检察人员在重大案件侦查终结前未对讯问合法性进行核查,或者未对核查过程同步录音录像,或者录音录像存在选择性录制、剪接、删改等情形。在上述三种情形下,司法解释给了公诉方以补救的机会,可以提供其他证据来证明取证的合法性。比如,规定了侦查机关虽然是在规定的办案场所以外进行讯问,但是存在合理理由,而且全程进行了录音录像,没有任何非法取证行为的存在。但是,公诉机关证明这种情形是很困难的。因此,对于律师来说,如果发现存在上述三种情形,对于排非是非常有利的。

(二)非法证言、被害人陈述的范围

依据《刑事诉讼法》第56条第1款的规定,采用暴力、威胁等非法方法收集的证人证言、被害人陈述,应当予以排除。相关司法解释将其列举为暴力、威胁、非法限制人身自由等方法。其中,暴力、威胁与对犯罪嫌疑人、被告人刑讯逼供、威胁的手段相似,但是不同之处在于,对于证人证言和被害人陈述来说,并不要求暴力、威胁达到使人肉体或者精神遭受难以忍受的痛苦、从而违背意愿作出陈述的程度,不需要剥夺人的自由意志。因此,同样的暴力或者威胁对犯罪嫌疑人、被告人而言可能不算非法取证,但对证人、被害人而言则已经构成非法取证。关于非法限制人身自由,其中也包括非法拘禁的情形,比如,在没有事实和证据支持的情况下,将证人作为犯罪嫌疑人予以拘留,甚至没有任何手续将人予以关押。

对于非法获取的证人证言、被害人陈述的排除,司法实践中很少有这样的案例。这也可以理解,因为证人、被害人与被告人不同,一方面,律师不能轻易与控方证人和被害人接触;另一方面,证人、被害人通常也不会在庭审中出庭。因此,即使证人、被害人存在非法取证的情形,律师也没有途径知道,即使知道大致情况,也难以提出具体的线索和材料。另外,律师也担心会被证人、被害人反咬一口。而证人、被害人在被非法取证的情况下,一般也不敢对外透露。

司法实践中的确存在证人、被害人被非法取证的情况,这在很多冤假错案中都暴露出来。赵作海案中,赵作海的妻子也曾被办案机关关押。安徽阜阳五青年杀人案中,5名被告人被指控杀害了同村的一个17岁的女孩,其中的关键证据是两名证人的证言笔录。12年后,该案再审改判无罪,其中改判的关键就是两名证人出庭作证,称曾经被办案机关以涉嫌犯罪为由被抓,并被警察用枪抵着头"刑讯逼证",在给出不利于5个人的证言后才被取保候审。这个案件的原判后来被推翻,但是并没有排除非法证言,而是认为证言真实性存疑,最后认定该案事实不清、证据不足,5名被告人被判无罪。①

---

① 参见《安徽阜阳5名青年杀人案再调查:证人称被警察用枪抵头逼做假证》,载搜狐网(https://www.sohu.com/a/23260204_115590),访问时间:2020年12月4日。

陈永生教授曾经对冤假错案进行调查发现,在其研究的20起冤案中,多达11起案件(高达55%)存在警察违法取证,隐瞒、伪造证据,甚至阻止证人作证的现象,在这11起案件中有5起(25%)案件存在警察采用违法手段,包括采用暴力或其他手段迫使证人作伪证的现象;有5起(25%)案件存在警察造假,如伪造物证、伪造证人证言等现象;有3起(15%)案件存在警察阻止证人作证的现象;有1起(5%)案件存在警察对证人进行贿赂,诱导证人提供对犯罪嫌疑人不利的证言的现象。[①]

可见,非法证人证言、被害人陈述现实存在,但因为证人不出庭很少能得到关注,这恐怕不是非法证据排除规则可以解决的问题,关键是要否定证言笔录、被害人陈述笔录的证据能力,让证人、被害人出庭作证。

(三)非法实物证据的范围

依据《刑事诉讼法》第56条第1款的规定,非法实物证据是指"收集物证、书证不符合法定程序,可能严重影响司法公正……不能补正或者作出合理解释"的情形。非法实物证据仅包括物证和书证,其他实物证据并没有列入其中。不过《公安机关办理刑事案件程序规定》(2020年修正)第71条第2款,将非法实物证据扩大到了视听资料和电子数据。其实,不仅是物证、书证,其他实物证据也可能出现非法取证的情形,确实应该纳入非法证据排除的范畴。不过遗憾的是,这个规定的效力有限,2021年《刑诉法解释》也没有作出类似规定。

[①] 参见陈永生:《我国刑事误判问题透视——以20起震惊全国的刑事冤案为样本的分析》,载《中国法学》2007年第3期,第45—61页。

实物证据的排除分为三步,第一步是违反法定程序,比如采取非法搜查、扣押的方式获取了证据,这是基本前提。第二步是因为违反法定程序而严重影响司法公正,如何判断是否严重影响司法公正,可以从以下几个方面来考虑:一是非法取证的严重程度,是否侵犯了犯罪嫌疑人的重要的基本权利;二是非法取证的后果,是否严重影响司法机关的声誉,是否造成较为恶劣的社会影响,是否会影响证据的真实性,是否会造成冤假错案等。这一步符合了还不够,需要给公诉机关以补救的机会,让其进行补正或者作出合理解释。第三步是不能补正或者作出合理解释的,才能予以排除。所谓补正,是指进行程序补救,比如对原来的侦查行为进行一些补充和完善,包括对笔录内容进行增加、删除或者修改,或者重新实施侦查行为;所谓合理解释,是指对于原来的非法取证情况进行说明,以证明不是有意为之,较为轻微,并没有构成严重违法,也没有造成严重的后果等。只有这三步都符合,才要排除有关的实物证据。

非法实物证据的排除,在实践中很少见,这可能有几个方面的原因:一是立法的问题。《刑事诉讼法》及司法解释规定的条件过于严苛,且法官有着巨大的裁量权,因此这项规则也被戏称为"不排除规则"。二是非法实物证据通常是非法搜查、扣押所得,所侵犯的是公民的住宅不受侵犯的权利、隐私权及财产权,这些权利也是公民重要的基本权利,但是相比刑讯逼供所侵犯的人身健康权、人格尊严权这些人身权利来说,似乎重要性相对弱一些,保护力度没有那么大。判断非法取得的证据应否被排除,其中的关键是对非法取证行为所侵害的公民权利与所得证据对于打击犯罪的重要性的权衡。在刑讯逼供所获得的言词证据都难以被排除,被告人人格权、健康权都难以有效保障的情况下,被告人因住宅不受侵犯的权利、隐私权及财产权被侵犯要求排除非法证据就更为困难了。三是实物证据的特性。与言词证据不同,言词证据被排除后还可以重新提取,而且非法取证行为导致其失真的可能性较大,而实物证据通常具有唯一性、不可替代性,且因为非法取证而失真的可能性较小。考虑到实物证据一旦被排除有可能难以定罪,立法及司法人员观念上都趋向于不排除。这反映了我国实务界在非法实物证据排除规则的建立及适用中对于实体公正的普遍青睐。

以上是对实体规则的阐述,接下来是排非规则的程序问题。律师想要成功排非,需要经过三关,第一关是申请,如果申请不过则会不被受理或者直接驳回。申请通过后进入第二关庭前会议,通过庭前会议,律师要么使检察官知难而退、撤回证据,排非程序就此了结,要么让法官对非法证据产生疑问,才能进入第三关,即庭审的实质调查程序,这样才算是正式启动了排非调查程序。法庭通过调查认为,确认或者不能排除存在非法取证情形的,该证据予以排除。

三、如何启动排非程序

(一)准备工作

在具体讨论如何启动排非程序之前,有三步准备工作需要做:

1. 工作时发现非法证据

发现非法证据是启动排非程序的前提,律师需要在会见、阅卷、调查中仔细查找相关线索和材料。

首先,会见。律师在会见时应当具体了解每次提讯的细节,比如讯问的持续时间,讯问时是否有暴力行为,是否有威胁、引诱、欺骗等,了解是否存在非法取证的情况。当然,律师在询问时不可过于直接,比如问警察有没有打你？这就带有一定的诱导性。

其次,阅卷。律师在阅卷过程中也可能发现非法取证的线索,比如讯问笔录的时间显示持续了4个小时,但是讯问笔录内容只有一页半,而且这次讯问笔录中被告人一改之前不认罪的态度,突然认罪了,这时候就需要特别注意,可以和被告人进行核实。比如讯问笔录的份数与提讯证中的提讯次数对不上,或者提走的时间与笔录不一致,人被提走4个小时,笔录上显示一个半小时。这时候也需要注意。

最后,调查。通过向证人调查发现非法取证的问题,如果存在以近亲属权益相威胁的情况,可以向近亲属取证。不过对于控方已经取证的证人,不建议律师再次取证,根据所提取的证言来申请非法证据排除。最好的办法是申请证人出庭,或者申请法院再次提取证言。

2. 考虑要不要申请排非

这时需要考虑几个问题：第一,该证据是否对己方不利。比如,当事人确实被刑讯逼供了,但是他并没有因此认罪,那就不需要排非。第二,该非法证据是不是和定罪量刑明显相关。如果有无该证据不影响定罪量刑,那么没有必要申请排非,比如,非法搜查、扣押的物证与定罪量刑关系不大的情况。第三,该证据排除后是否可以被其他证据替代。比如,被告人的有罪供述笔录有多份,除了侦查人员提取的笔录,还有检察人员提取的笔录,这样即使排除掉一份,对于该案的证据体系也不会造成影响。第四,排除该证据后,是否会动摇整个控方的证据体系。这里需要判断控方的证据链是否牢固,缺少了该份证据后整个证据链是否依然完整。如果被告人的有罪供述是控方的关键指控证据,那么排除就是有意义的;如果指控证据非常充分,即使没有被告人的有罪供述,仍能达到排除合理怀疑的程度,那么申请排非恐怕达不到应有的效果。而且,由于被告人申请排非、拒不认罪还可能导致量刑的不理想。当然,即使不能因为证据排除而定无罪,能够影响量刑也是可以的。如果被告人只是为了出气考虑坚决申请排非,那么辩护人应当向他进行风险告知。

3.考虑何时提出排非申请

依据法律规定,侦查、审查批捕、审查起诉及审判阶段均可以提出排非申请。实践中,需要考量的是:第一,该证据如果被排除,会不会被公安机关、检察机关重新补正。比如某份证言或供述笔录被排除后,办案机关会不会重新补一份证言或者供述笔录。如果有这种可能,那么建议不要在审前提出排非的申请。第二,如果证据被排除,当事人是否可能及早出罪。如果案件证据本身就不充分,关键证据排除后案件无法继续,可以做撤案或者不起诉处理,那么可以考虑审前阶段尽早提出排非申请。

接下来就到了正式的启动环节。被告方想启动非法证据排除程序,不仅仅是简单提出申请就可以,否则会有程序滥用之虞。很多案件庭审时被告人提出自己遭到了刑讯逼供,法庭不可能一一调查。因此,需要由法官进行初查,让被告方承担一定的举证责任,但是这个责任不能太大,仅仅是一个争点形成责任,或者称为初步的证据提供责任,只要让法官对证据收集的合法性产生疑问即可,进而使证据收集合法性争议成为诉讼的争点,这时才会启动排非程序。

(二)启动

启动环节分为两步:第一步是提出申请,第二步是通过庭前会议让法官产生疑问。

1. 如何提出申请？

其一，律师需提交规范、明确的书面申请书。第一，根据规定，仅仅提出口头申请是不够的，需要提交书面申请；第二，申请书中需要列明申请排除的具体证据，需要具体到某份，如果申请排除多份的，建议提交多份申请书；第三，申请书中应当说明申请排非的具体理由，如暴力、疲劳审讯还是其他，并说清非法取证的详细经过和相关证明材料。如果是刑讯逼供或严重威胁行为，需要说明给被讯问人造成痛苦的严重程度；如果是重复自白，需要说清刑讯逼供行为对其的影响；如果是非法实物证据，还需要说明非法取证行为对司法公正的影响。

其二，律师还需提供非法取证的相关线索和材料。相关"线索"主要是指涉嫌非法取证的人员、时间、地点、方式等；相关"材料"主要是指能够反映非法取证的伤情照片、伤痕、血衣、体检记录、医院病历、讯问笔录、讯问录音录像或者同监室人员的证言等材料。关于这个问题，很多学者和实务界人士提出意见。因为让被告方提供非法取证的线索和材料存在很大困难，尤其是犯罪嫌疑人、被告人长期身陷囹圄的情况下，可能无法准确获知日期和时间，也不一定清楚刑讯人员的姓名、身份，更难以提供伤情照片、体检记录、录像等材料。这里实际上涉及司法资源、诉讼效率与被告人权益保障之间的平衡问题。在现行法的规则之下，律师只能自己努力搜集相关的线索。

如果律师在侦查早期就介入案件，那么会见时应当告知当事人什么是非法讯问，如果遭遇非法讯问可以如何应对，尽量保留相关证据。如遭遇刑讯时，被讯问人应大声呼喊引起关注；提讯结束入监体检时应明确告知医生身上伤情,说清成因,并要求在体检表中注明并拍照;回监室后马上告知同监室人员和管教,写下日记;向驻所检察官提出控告,要求排除非法证据,更换侦查人员;如有血衣等应妥善保管;如有伤情应提出就医的要求;下次讯问时,要求将非法取证情况记录在案,重新陈述案件事实,避免形成多份不利口供;侦查终结前驻所检察官对讯问合法性进行核查询问时,应据实说明情况。如果律师介入时间较晚,非法证据已经形成,可以收集的材料包括:让当事人详细回忆非法讯问的时间、地点、人员、方式等内容,注意相关细节的描述,形成书面材料;阅卷时注意讯问笔录、提讯证、体检记录等,看是否存在疑问;当事人记录非法取证情况的日记、血衣、身上的伤痕等;如有就医的话,可以复制就诊病历;如果可以的话,让了解情况的同监室人员写下书面证言;如果有必要且可能的话,调取看管人员、近亲属等了解情况的相关人员的证言。

律师如果发现相关证据但无法提取的话,应当向法院提出申请,让法官意识到并不是没有非法取证的相关证据,只是没办法收集而已。比如讯问同步录音录像、体检记录,以及同监室人员、管教、驻所检察官的证言及相关材料等。

如果律师所提出的申请法庭不予受理,或者被法院驳回,意味着排非申请的失败。主要情形包括:第一,申请后没有提供相关的线索或者材料,法院告知后未能补充的。第二,在进行讯问合法性核查询问时,犯罪嫌疑人明确否认非法取证,后又提出排非申请,法院审查后对证据收集的合法性没有疑问的,将驳回申请。虽然在证据被补正的情况下建议不要提前申请排非,但是如果属于需要对讯问合法性进行核查的重大案件(可能判处无期徒刑、死刑或者黑社会性质组织犯罪、严重毒品犯罪等重大案件),还是应当如实说明刑讯逼供等非法取证情况,否则之后会影响到法官排非的判断。第三,法院已经进行权利告知的情况下,被告方庭审前没有提出排非申请,而是在庭审时提出,但又不属于庭审时才发现非法证据相关线索和材料的情形的,法院对证据收集的合法性没有疑问时,可以驳回申请。因为审判阶段的申请以开庭前申请为原则,以庭审中申请为例外,主要是考虑到非法证据排除需要启动专门程序,庭审阶段提起排非会导致庭审的中断,不利于案件实体的集中审理。

第一步申请成功的标志是法庭决定召开庭前会议,启动初查程序。

2. 如何让法官产生疑问?

在初查程序中,律师的目标是让检察官撤回证据,或者让法官对证据的合法性产生疑问。在法官产生疑问的情况下,争点才算形成,排非正式调查程序才能启动。初查程序有自己的证据规则,辩方通过提出排非申请、提交相关线索和材料,并对控方所提出的证明取证合法的相关材料进行质证等方式,让法官对证据收集的合法性产生疑问。

庭前会议的审查程序如下:首先,由辩方说明申请、相关线索材料及证据调取申请。证据调取的申请需要提前提交,不要等到庭前会议再提,给法官和检察官准备时间。其次,由公诉人提供合法性证明材料。公诉人可以提交书面材料,如讯问笔录、提讯登记、体检记录、相关法律文书、讯问合法性核查材料等,辩方可以对书面材料提出意见;在控辩双方申请的情况下,控方还可以有针对性地播放讯问录音录像,律师有权对录音录像的完整性等提出意见。再次,控辩双方对证据合法性发表意见。律师需要综合庭前会议的证据情况论证非法取证行为的可能性,对控方意见进行反驳,让法官对非法取证产生疑问。最后,控辩双方各执一词,未达成一致意见的,由法官归纳争议焦点。

庭前会议后可能的结果是,第一,控辩一方撤回证据或者排非申请,一旦撤回后没有新的理由或者新的线索、材料,不得在庭审中出示或再次提出排非申请;第二,双方对证据合法性达成一致意见,庭审中法庭向控辩双方核实并当庭确认,除非有正当理由,否则控辩双方不能轻易反悔;第三,控辩双方未能达成一致意见的,法官需要确定是否对取证合法性产生了疑问,如果有疑问,则启动正式庭审调查程序。需要注意的是,律师不能自行决定撤回排非的申请,必须经过被告人的同意。

如果法官经过庭前会议审查对证据合法性没有产生疑问,那么要不要在庭审中启动调查程序。对此规定有所不同。《严格排非规定》第26条后半句所规定的是,"人民法院对证据收集的合法性没有疑问,且没有新的线索或者材料表明可能存在非法取证的,可以决定不再进行调查"。不过,《排除非法证据规程》第15条第2款对该规定进行了变更,改为"控辩双方在庭前会议中对证据收集的合法性未达成一致意见,人民法院应当在庭审中进行调查,但公诉人提供的相关证据材料确实、充分,能够排除非法取证情形,且没有新的线索或者材料表明可能存在非法取证的,庭审调查举证、质证可以简化"。也就是说,法院即使对证据合法性没有疑问,仍然要启动庭审调查,但是程序可以简化,除非被告方能够提出新的线索和材料。在这种情况下,庭审调查程序基本就是走个过场而已。2021年《刑诉法解释》第133条又恢复了《严格排非规定》的规定,只是增加了法院需说明理由的要求。因此,庭前会议初查阶段让法官产生疑问是非常重要的一步。

四、如何说服法官排非

可能大家会对这个标题有疑问,为什么是律师说服法官排除非法证据呢?调查程序启动之后不是应该让控方证明取证的合法性吗?没错,根据《刑事诉讼法》和司法解释的规定,一旦排非程序启动,是由控方对取证的合法性承担证明责任,而且需要证明到排除合理怀疑的程度,只要不能排除非法取证的情形,就应当予以排除。如此规定的理由在于,在非法证据排除这一独立的诉中,原告方是被告人,被告方是掌握公权力的侦查人员,如果让身陷囹圄的被告人来证明非法取证确实存在明显不合理。一方面,被告人的取证能力有限,这些证据都由公权力机关所掌控,包括看守所的体检记录、侦查机关的同步录音录像等,被告人难以获取;另一方面,作为被告方的公诉机关完全有能力证明自己取证行为的合法性,这本身就是对侦查取证的要求,同时该规定反过来也能督促侦查机关规范取证,比如做好讯问时的录音录像工作,这也是对侦查人员自身的保护。这与行政诉讼中作为被告的国家机关一方承担证明自己行政行为合法性的原理是一致的。

案例 6-5:杨增龙故意杀人案[1]

一审期间,被告人杨增龙提出其有罪供述系侦查人员刑讯逼供所得的辩解理由,并提供了讯问人员的姓名、相关情况等线索,一审法院对证据收集的合法性启动了专门调查程序。一审法院指出,除杨增龙供述外,无其他证据证实侦查人员对

---

[1] 参见最高人民法院刑事审判第一、二、三、四、五庭主办:《刑事审判参考》(总第108集),法律出版社 2017 年版。

其有刑讯逼供行为。二审法院认为,一审法院对证据收集的合法性启动了专门调查程序,但在某种程度上让被告方承担了证明侦查人员刑讯逼供的证明责任,这种做法并不符合法律规定由人民检察院证明取证合法性的要求,也不符合非法证据排除规则的基本原理。

但是,这并不意味着一旦启动非法证据排除程序,辩方就可以高枕无忧。虽然立法及司法解释作出了这样的规定,但是排除非法证据意味着法院对侦查行为作出否定性的评价,而且可能因此导致被告人无罪,这对于法院来说是很难的。就如美国大法官卡多佐所质疑的:"因为警察违法,就放纵犯罪?"我国的司法界同样有这样的顾虑。因此退一步,从现实的角度来说,为了争取对被告人最为有利的结果,律师不应止步于此。司法的现实是,法官有时候并不情愿排除非法证据,所谓"不能排除"存在非法取证情形中对"不能排除"的认定,本身就有很强的主观性,法官的裁量空间较大。所以,律师应当积极行使自己的诉讼权利,尽量提供更多的证据,让法官在内心确信非法取证的存在,而且愿意排除该证据。

因此,律师首先需要做的是,对非法取证等相关情况进行证明,包括非法刑讯等行为给被告人造成的严重痛苦,以致被告人无法自由决定是否供述的情况,以及非法证据的虚假性。可能有人会质疑,排非是证据能力问题,为何要管证据真实还是虚假呢?理论上是这样,但是司法实践中,法庭在判断是否排除非法言词证据时,会与证明力问题相混淆,甚至通过客观真实性的证明来论证证据的合法性。例如,在论述证据不予排除的理由时,周某某引诱、容留、介绍卖淫一审刑事判决书称,"被告人周某某的入所健康检查表显示其并无受到刑讯逼供的迹象,其本人在侦查阶段亦一直未对此提出异议,且其供述一贯稳定,能与其他证据相印证,故该证据收集程序合法,可以作为定案的根据并证明待证事实"。但是,供述一贯稳定、能与其他证据印证就说明是合法取得吗?逻辑上并非如此。在王平受贿案[①]中,有5份没有同步录音录像的供述,被认为"不符合《最高人民检察院讯问职务犯罪嫌疑人实行全程同步录音录像的规定》第二条的规定,在王平对此质疑的情况下,无法确保讯问笔录的合法性,亦无法确保讯问笔录内容的真实性,故不得作为定案的根据"。这反映了法官的普遍心理,就是法官更为注重证据的真实性问题。

这就涉及排非规则的设立目的,究竟是避免冤假错案、保障人权还是遏制警察违法?考虑到2010年《关于办理刑事案件排除非法证据若干问题的规定》的出台背景,可以发现,当时之所以出台这个规则,非常重要的原因是那几年接连有冤假错案曝光,而几乎每一个冤假错案中都有刑讯逼供。在这种背景下,排非规则出台。可见,排非规则的设立目的更多是避免冤假错案。如果出于这样的目的,在刑讯逼供所得的口供是真实的情况下,还要不要排除呢?由于不排除也不会导致冤假错案,很多法官是倾向于不排的。问题是,很多冤假错案之所以出现,是因为存在很多巧合。因此供述是否真实在当时的判断不一定准确。更重要的是,避免冤假错案绝不是排非规则的唯一目的,甚至不是最重要的目的,更重要的目的在于保障人权、遏制警察违法。就像陈瑞华教授所说,不能为了实现刑法就去违反刑事诉讼法,更不能让法院为侦查机关的违法行为背书。那怎么遏制警察违法呢?有意见认为给警察纪律惩戒即可,但

---

① 参见最高人民法院刑事审判第一、二、三、四、五庭主办:《刑事审判参考》(总第108集),法律出版社2017年版。

现实是,如果警察违法获得的证据可以作为定案根据,案件依然可以顺利定罪,那么公安机关领导不太可能真的对这名警察进行惩戒,因为他完成了自己的工作。只有让违法者得不到违法所得的利益,非法取证的利益就是获得有罪供述,如果该有罪供述不能在法庭中使用,那么违法也就失去了意义。只有让警察明白,非法取证劳而无功、得不偿失,取证才会真的得到规范。

考虑到目前法官普遍对证据的真实性更为重视,律师除论证取证非法性之外,不妨对证据的虚假性也进行更多的阐述。对于非法实物证据,还要注意论证非法取证行为对司法公正的影响。至于证明标准,建议律师能够证明到优势证据以上,最好是让法官相信大概率存在非法取证行为,单纯的怀疑恐怕是不够的。

(一) 正式审查:庭审程序

庭审调查非法证据主要包括两种情形:一是庭审期间才发现非法证据的存在或者才发现相关线索和材料的,二是庭前会议中控辩双方未能就非法证据达成一致的。根据刑事诉讼法及相关司法解释,排非的调查通常要置于实体庭审之前,以先行调查为原则。这一方面可以保持实体审判的连续性,不被排非程序所打乱;另一方面,疑似非法证据只有经调查确认是否排除,才能决定是否可以在法庭调查阶段出示、质证,否则控辩双方将无所适从。当然,先行调查原则也存在例外。为了防止庭审过于延迟,也可以在法庭调查结束前调查。不过,这并没有改变合法性存在疑问的证据不得宣读、质证的规则。应当说,确立先行调查原则对非法证据排除是一个很大的进步,中间还经历了些波折,2010年《非法证据排除规定》中就已经确立了先行调查原则,但是2012年《刑诉法解释》中有所改变,按照该规定,既可以先行调查排非,也可以在法庭调查结束前一并进行。但是,如果在证据已经出示、质证的情况下再进行排非调查,该程序就失去了意义,控辩双方也无法进行实质的举证、质证。直到2018年《排除非法证据规程》中再次确立了非法证据排除先行调查原则。2021年《刑诉法解释》虽然坚持了这一原则,但是例外情形被扩大了,从"被申请排除的证据和其他犯罪事实没有关联的情况下,为了防止庭审过于延迟",改为了"为防止庭审过分延迟"。

在正式的庭审调查程序中,首先,由法庭宣布庭前会议中证据合法性审查情况及争议焦点。其次,辩方说明申请、相关线索材料及相关证据申请,包括:证据调取的申请,如申请调取讯问录音录像、体检记录等证据;申请法庭播放特定时段的讯问录音录像;申请法庭通知侦查人员或其他人员出庭作证;等等。再次,控方通过多种方式提供合法性证明材料,辩方进行质证。通常先是出示书面材料,包括讯问笔录、提讯登记、体检记录、相关法律文书、核查材料等,辩方可以针对这些证据进行质证,提出其中的问题和漏洞;如果这些证据不足以证明的,控方可以针对辩方提出异议的讯问时段播放讯问同步录音录像,律师可以对录音录像质疑,包括是否存在选择性录制、剪接、删改的情况,是否同步制作等;如果还不足以证明取证合法性的,控方则可提请法庭通知侦查人员或者其他人员出庭说明情况。值得关注的是,《排除非法证据规程》第6条第1款中明确提出,公诉机关不得以侦查人员签名并加盖公章的说明材料替代侦查人员出庭。但是这也对律师提出了挑战,如果律师不能通过发问让侦查人员在庭上作证时露出破绽,那么将更难排除非法证据。不过,2021年《刑诉法解释》中没有继续这一规定,而是改为公诉人提交的取证过程合法的说明材料不能单独作为证明取证过程合法的根据。最后,由控辩双方对取证的合法性进行辩论。法庭可以责令双方补充证据材料,也可以进行庭外调查核实证据。

正式调查之后,法庭应当作出调查结论,在作出结论之后庭审才能继续进行,即当庭裁决原则。这要求法庭当庭作出决定,或者有困难的话休庭合议后作出决定。无论如何,在作出决定之前,不可以宣读、质证该证据。并且,法官要在裁判文书中写明是否排除非法证据,并说明理由,控辩双方有异议的,可以提出上诉。这是一个非常大的进步。在很长一段时间内,非法证据调查程序进行后就没有下文了,法庭继续进行庭审,公诉人、律师都不知道该证据是不是被排除,导致在后面的法庭调查、法庭辩论阶段就很尴尬,因为不清楚该证据能不能用,最后判决书里才写明非法证据排除的结果。但是,在法庭已经完成了整个庭审的情况下,非法证据排除与否的决定理由恐怕就不是合法性这么简单了,法庭很可能会对案件进行综合性的考量,如果认定被告人有罪,而该证据又对定罪很关键的情况下,将难以被排除。遗憾的是,2021年《刑诉法解释》没有规定当庭裁决原则,但也没有予以否认。

(二)排非的救济

律师申请排除非法证据,法院不予受理、被驳回或者不排除有关证据,应当如何救济呢?首先,可以再次提出排非的申请。如果属于不予受理、被驳回或者自行撤回的情形,律师有新的线索或者材料,可以再次提出排除非法证据的申请。其次,可以在二审中提起。如果辩方对一审的排非决定有异议、一审法院对排非申请未予审查或者一审因未发现非法证据或没有被告知排非的权利而没有提出排非的情况,律师在二审上诉的过程中可以提起。最后,可以在申诉中提出。对于生效裁判中的排非决定有异议,则可以在申诉中提起。根据刑事诉讼法的规定,据以定罪量刑的证据依法应当排除的,属于应当启动再审的情况。

需要注意两个问题:一是一审对排非申请应当审查而未审查,并作为定案根据,可能影响公正审判的,二审应撤销原判发回重审,而不能直接审查。因为一审应当审查没有审查属于程序错误,侵犯了被告人的诉讼权利。二是检察院一审时未出示证据证明证据收集的合法性,法院决定排除非法证据的,二审时不得出示之前未出示的证据,一审后发现的除外。如果律师发现检察院二审期间出示一审期间未出示的证据,可以提出。

五、排非没有成功怎么办

通过非法证据排除程序所排除的证据是违法性程度较高、严重侵害当事人权利的情况下收集的,因此不符合排非要求的证据不一定就具备证据能力,更不能保证其真实性、相关性。因此律师依然可以在法庭调查中对该证据的证据能力和证明力发表意见。

(一)否定该证据的证据能力

有些非法取证可能没有达到非法证据的严重程度,属于瑕疵证据,但是根据最高法相关司法解释的规定,仍然不能作为定案根据。比如,讯问笔录没有经过被告人核对确认;询问聋哑人,应当提供通晓聋哑手势的人员而未提供;询问不通晓当地通用语言、文字的被告人,应当提供翻译人员而未提供的;讯问笔录存在瑕疵,不能补正或者作出合理解释的;等等。

(二)质疑证据的证明力

如果讯问中的确存在威胁、引诱、欺骗的情形,虽然达不到非法证据排除的严重程度,但是可以在质证环节提出,对供述的真实性、可靠性质疑。比如,对一个没有文化、不懂法的人说,只要你供述就马上放你回家,这很可能影响到其供述的真实性。

最后,简单分享一下律师成功排非的技巧。第一,律师的及早介入。律师应及时告知犯罪嫌疑人、被告人如果遭遇非法取证可以怎么办。第二,坚持不懈的申请。如果非法证据排除申请没有被受理,律师可以继续提出。第三,对证据真实性的质疑。第四,尽量提取相关证据。如果律师不提出足够的证据,申请排除非法证据非常困难。第五,向侦查人员发问。如果侦查人员出庭说明情况,律师应向侦查人员进行有效发问,让侦查人员露出破绽,让法官相信侦查人员可能存在非法取证的情况,这是对律师发问技巧的一大考验。

第七讲
证据印证规则在辩护中的运用

吉冠浩[*]

在展开本讲之前,青年刑辩律师与本科生、硕士生同学除阅读本书之外,还需要耐心地学习刑诉法、证据法的基础知识。最高效的是精读相关的著作,系统学习刑事证据法学的基础知识与理论。[①]

一、证据印证规则的精义

第一部分从含义与功能两个方面学习。

在具体了解证据印证规则之前,我想设置三个小问题。第一个疑问,热播网剧《沉默的真相》中一个重要证人丁春妹前后改变证

---

[*] 北京航空航天大学法学院副教授。
[①] 以下是我为大家推荐的一些经典体系书和著作,大家可择其一精读。陈光中主编:《证据法学》(第五版),法律出版社2023年版;樊崇义主编:《证据法学》(第六版),法律出版社2017年版;陈瑞华:《刑事证据法》(第四版),北京大学出版社2021年版;汪建成:《理想与现实:刑事证据理论的新探索》,法律出版社2021年版;龙宗智:《诉讼证据论》,法律出版社2021年版;张建伟:《证据法要义》(第二版),北京大学出版社2014年版;易延友:《证据法学:原则、规则、案例》,中国人民大学出版社2016年版;何家弘、刘品新:《证据法学》(第七版),法律出版社2022年版;卞建林主编:《证据法学》,高等教育出版社2020年版;陈卫东主编:《刑事证据问题研究》,中国人民大学出版社2016年版;张保生主编:《证据法学》(第四版),中国政法大学出版社2023年版;潘金贵主编:《证据法学》,法律出版社2022年版;李浩主编:《证据法学》(第三版),高等教育出版社2023年版;施鹏鹏:《证据法》,中国政法大学出版社2020年版;王超主编:《刑事证据法学》(第三版),中国人民大学出版社2022年版。

言。先是提供证言证明侯贵平犯了强奸罪,对其实施了强奸。后来随着江阳检察官不断反问,她改变证言,说是被人指使的。她前后两次不同的证言,法官应该采信哪一次证言呢?换言之,前后内容相矛盾的证言,哪一个真实性更强呢?

第二个疑问,目击证人李雪看到了侯贵平被冤枉的整个过程,但是李雪是一个未成年人。李雪作为未成年人,她的证言能不能被法官采纳作为定案的根据呢?未成年人的认知和表达能力可能没有成年人完整,其证言的真实性和可靠性如何呢?

第三个疑问,剧里一开始就轰动全城的被告人张超,张超一开始提了一个行李箱在地铁过安检的时候被查出行李箱内装有尸体,张超一开始供述自己杀了江阳。但是后来翻供说自己有不在场证据,即其乘坐飞机前往了北京。其前后不一的供述与辩解,哪一个更加可信呢?法官认定案件事实的时候需要采信哪一个呢?

以上三个例子都有一个共同的问题:如何验证一个证据的真实性?不管是证人作出的前后不同的证言,还是特殊证人的证言,抑或是被告人前后不同的供述或者辩解,背后有一个共同的问题,即证据的真实性如何验证。在面临这个问题的时候,证据印证规则就展现在我们面前。

(一)证据印证规则的含义

一种表达是两个以上的证据所包含的事实信息发生重合或交叉,使得一个证据的真实性得到其他证据的验证。另一种表达是2012年《刑诉法解释》第104条第3款的规定,证据之间具有内在联系,共同指向同一待证事实,不存在无法排除的矛盾和无法解释的疑问的,才能作为定案的根据。我们的定义是从两个层面表达,第一个定义是积极的层面,第二个定义是消极的层面。两个含义还有一定的抽象性,下文将会举例说明。

(二)证据印证规则的功能

1. 作为证据的证明力,尤其是真实性判断依据的证据印证规则

我国刑事证据法特别注重证据与其他证据"能否相互印证"。2021年《刑诉法解释》第87条第8项规定,对证人证言应当着重审查证言之间以及与其他证据之间能否相互印证,有无矛盾;存在矛盾的,能否得到合理解释。2021年《刑诉法解释》第93条第1款第9项规定,对被告人供述和辩解应当着重审查被告人的供述和辩解与同案被告人的供述和辩解以及其他证据能否相互印证,有无矛盾;存在矛盾的,能否得到合理解释。这里作此规定是因为对同一案件事实,至少需要两个具有独立信息源的证据加以证明,从而避免"孤证定案"。

2. 在证人证言自相矛盾、被告人翻供时,印证规则对是否采信证据起到指导作用

面对证人证言出现自相矛盾的现象,法官应采信庭前证言还是当庭证言？面对被告人翻供的现象,法官应采信庭前供述还是庭上辩解？在上述情况下,证据印证规则可以起到指导作用。下面具体讲解这两种情形及相应的证据印证规则。单纯根据丁春妹的两次证言并不好判断哪一次证言更加可信,这个时候需要判断证人为什么改变证言,对改变证言是否能作出合理解释,哪一个证言有其他证据相互印证。比如,丁春妹提供的侯贵平并未实施强奸的证言,就与黄毛称自己也是被指使陷害侯贵平的证言相互印证,因此

第二份证言就更加可信。

对于李雪的证言,虽然是未成年人提供的证言,但是只要其能正确地认识客观事实与准确表达,就可以作为证言使用。但是对于心智尚未完全成熟的未成年人提供的证言,要非常慎重。这个时候一般要有别的证据相互印证。比如,有了丁春妹改变后的证言来印证的话,未成年人李雪的证言也可以作为定案根据。张超有罪供述与无罪辩解都不能单独用来判断何者更加可信,这个时候就要看是不是有其他证据相互印证。比如,他拿出机票证明自己乘坐飞机去了北京,并且有机场监控资料证明,这些都可以印证其翻供之后的无罪辩解,其翻供以后的无罪辩解的可信性也更强。

为了深入学习证据印证规则,接下来将具体地展开被告人供述与辩解、证人证言印证规则的讲解,但考虑到本次讲座的定位,就不对理论问题作过多的探讨,只在必要的时候作理论铺垫。

二、证言印证规则的具体运用

证言印证规则旨在解决证人改变证言的问题。

(一)证言前后不一致

证人作出前后不一致的证言,主要有两类:

1. 证人当庭证言与庭前证言笔录矛盾

比如,张三在侦查人员询问时,多次作证李四犯了贪污罪,但是张三出庭作证的时候,当庭表示李四并无非法占有目的,公款是公用而非私用。

2.证人未出庭作证,其庭前多份证言笔录相互矛盾

侦查人员询问证人的时候,证人多次作证的证言是不一致的。此时,法官应采信哪一份证言?证人不出庭作证,控辩双方无法质证,法官也无法察言观色判断真伪。

(二)证言印证规则的法律适用

1.证人当庭证言与庭前证言笔录矛盾

2021年《刑诉法解释》第91条第2款

证人当庭作出的证言与其庭前证言矛盾,证人能够作出合理解释,并有其他证据印证的,应当采信其庭审证言;不能作出合理解释,而其庭前证言有其他证据印证的,可以采信其庭前证言。

这个条文针对的是证人出庭作证的证言与庭前提供的证言不一致的情形,也即第一类证言。我国证人出庭的情况区别于普通法系国家。我国并非像普通法系国家一样优先采用当庭证言,后者要么适用直接言词原则,要么适用传闻证据规则来优先适用当庭证言。我国并未明确优先采用当庭证言还是庭前证言,而是确立了一种印证规则,看哪份证言能够得到印证。从条文表述的前后顺序可以在一定程度上看出,证言印证规则对庭前证言的不信任态度,其所遵循的是无法得到印证的庭前证言不应采信的理念。

2.证人未出庭作证,其庭前多份证言笔录相互矛盾

采信其中一份证言笔录的条件有两个:第一,控方对证言笔录之间的矛盾能够作出合理解释。当然,这一般是考虑到案卷笔录都是控方主动举证。第二,该份证言笔录得到了相关证据的印证。只有有了其他证据作真实性加持,该证言才能被法官采纳作为定案的

根据。

第一类证言与第二类证言最大的区别是证人是否出庭,即使是第一类证言,司法解释也未规定优先适用当庭证言,而是看是否有相关证据印证。

3. 特殊证人证言的印证

依据2021年《刑诉法解释》第143条的规定:"下列证据应当慎重使用,有其他证据印证的,可以采信:(一)生理上、精神上有缺陷,对案件事实的认知和表达存在一定困难,但尚未丧失正确认知、表达能力的被害人、证人和被告人所作的陈述、证言和供述;(二)与被告人有亲属关系或者其他密切关系的证人所作的有利于被告人的证言,或者与被告人有利害冲突的证人所作的不利被告人的证言。"

需要注意第1项中生理上或者精神上的缺陷的程度尚未达到完全丧失的程度,否则不能作为证人、被害人提供相关的证据。司法实践中的猥亵儿童案件中,被害人不仅是未成年人,还是更为低龄的儿童,这种被害人陈述是否能够采信?只要被害人对于要证明的事项有一定的认知与表达能力,都是可以作为定案根据的。因为2012年《刑事诉讼法》修改后我国的证据从原来的"事实说"逐渐发展为"材料说",所以只要证人具有相应的认知与表达能力,就能够作为证据使用。但是仍然要非常慎重,寻找其他证据相互印证。如果是被告人的亲属或者与被告人有密切关系的人做出了有利于被告人的证言,比如被告人女友提供被告人不在犯罪现场的证言,考虑到证人与被告人的密切关系,对于这种证言要非常慎重,寻找其他证据相互印证。

4. 小结

我国刑事证据法有条件地承认特殊证人证言的证明力,但需要满足有其他证据的印证这一条件。

(三)证言印证规则的示例

案例 7-1:褚时健贪污、巨额财产来源不明案[①]

云南省人民检察院起诉书指控:……1995 年 11 月中旬,被告人褚时健指使罗以军将华玉公司账外存放的浮价款银行账户及相关的资料销掉,把剩余的 1150 多万美元以"支付设备配件款项"的名义全额转出。被告人褚时健决定自己要 1150 多万美元,并拿给罗以军一个钟照欣提供的用英文打印的银行收款账号,叫罗以军把钱转存到该账户。罗以军在被告人褚时健给的收款账号上注明 1156 万美元,连同被告人褚时健签字的授权委托书一起带上,到深圳找到华玉公司总经理盛大勇,叫盛大勇立即办理。1996 年 1 月 23 日,钟照欣提供给被告人褚时健的账户上收到了 1156 万美元。上述款项案发后已全部追回。

对指控的这一事实,公诉机关当庭宣读和出示了银行转款凭证、银行收款凭证,证人罗以军、刘瑞麟、钟照欣的证言,以证明被告人褚时健指使罗以军将华玉公司银行账户上的 1156 万美元转到新加坡商人钟照欣在境外银行开设的账户的过程,被告人褚时健及其辩护人对转款的事实无异议。

被告人褚时健辩解:叫罗以军销掉存放浮价款的银行账户,并把账户上的余款 1500 多万美元全部转到钟照欣的账户

---

① 参见云南省高级人民法院(1998)云高刑初字第 1 号刑事判决书。

上,是因为即将交工作,为了掩盖私分355万美元的事实;款转出后是为玉溪卷烟厂支付购买烟丝膨胀设备款,并不是自己要。

辩护人提出,指控被告人褚时健主观上具有非法占有故意的证据不足。

证明被告人褚时健具有非法占有故意的证人证言,公诉机关针对被告人褚时健的辩解和辩护人的意见,进一步宣读和出示了下列证据:1.罗以军证言,证明"褚时健说自己要1150万美元";同时证明"褚时健给我一个用英文打印的银行账号用以转款"。2.钟照欣证言,证明"褚对我说要转一笔款到我账上,向我要个账号,……,我专门买了个公司,开设了银行账户,把账户提供给褚,款转到了这个账户上"。3.合同书、付款凭证,证明被告人褚时健辩解的购买烟丝膨胀设备的款项,是由其他途径支付的。公诉机关认为,上述证据充分证实被告人褚时健主观上具有非法占有的故意,辩解不能成立。因此,被告人褚时健的行为已构成贪污罪。

被告人褚时健认为罗以军、钟照欣的证言均存在重大矛盾,不能作为认定事实的根据。

法庭依法传罗以军出庭作证。罗以军在当庭作证时,证明被告人褚时健说过转出的美元用作赞助款和其他开支。

云南省高级人民法院认为,被告人褚时健指使罗以军将华玉公司账户上的1156万美元转到钟照欣在境外的银行账户上,这一事实清楚,双方并无争议。争议的焦点是指控被告人褚时健具有非法占有的主观故意,证据是否充分;争议的实质是被告人褚时健的行为是否具备贪污罪的主观要件,构成贪污罪。经审查：1.罗以军的证言不能作为认定事实的根据。罗以军直接实施转款行为，**在这一指控中有利害关系，作为证人作证时，证言的内容前后不一，特别是出庭作证的内容与开庭前所作证言有重大变化，在重要情节上自相矛盾，对辩护人提出的质疑不能作出合理解释，没有其他证据相印证**，故对罗以军的(庭前)证言不予采信。2.钟照欣的证言亦不能作为认定事实的根据。证言中关于专门为被告人褚时健转款购买公司、开设银行账户一节，经查证，在时间上、用途上均存在矛盾；关于提供给被告人褚时健账号一节，有多种说法，**前后不一致，没有其他证据相印证**，故对钟照欣的证言不予采信。3.公诉机关出示的合同书、付款凭证等证据仅能证明购买烟丝膨胀设备的款没有从转出的1156万美元中支付，不能直接证明被告人褚时健非法占有的故意。由于罗以军、钟照欣的证言不予采信，**指控证据不能相互印证，形成锁链**。

刑事诉讼中，控方具有提供证据证实犯罪的责任，证据不充分，指控不能成立。该指控中，证据反映出被告人褚时健转款行为的主观故意，同时存在非法占有、购买设备或其他目的的可能性，不具有充分的排他性，因此，指控被告人褚时健贪污1156万美元证据不充分，云南省高级人民法院不予确认。

三、口供印证规则的具体运用

口供印证规则旨在解决被告人翻供的问题。翻供是被告人行使辩护权的表现，被告人应当有底气地行使这一权利。

（一）被告人翻供的三种情形

其一，被告人庭前作有罪供述，当庭翻供。

其二，被告人庭前供述存在矛盾，当庭供认。

其三，被告人庭前供述存在矛盾，当庭不供认。

此时，法官应采信哪一份供述？

（二）口供印证规则的法律适用

1. 被告人庭前作有罪供述，当庭翻供

2021年《刑诉法解释》第96条第2款

被告人庭审中翻供，但不能合理说明翻供原因或者其辩解与全案证据矛盾，而其庭前供述与其他证据相互印证的，可以采信其庭前供述。

从司法解释的规定来看，我国司法解释还是倾向于采纳庭前供述的，理由很简单，被告人出于自保本能在法庭审理阶段大概率会翻供，当庭供述的真实性可能不高。透过法条文字，本条规定的核心还是口供印证规则。当然，庭前供述和当庭供述前后不一致，当庭供述与其他证据相互印证的，可以作为定案根据。比如张氏叔侄案，两名被告人当庭翻供，辩解称侦查机关对其实施了刑讯逼供并且在监狱中安排了牢头狱霸。且其当庭提供的辩解与其他证据相互印证，法官当然可以采用当庭供述或者辩解作为定案的根据。

2. 被告人庭前供述存在矛盾，当庭供认

2021年《刑诉法解释》第96条第3款

被告人庭前供述和辩解存在反复，但庭审中供认，且与其他证

据相互印证的,可以采信其庭审供述……

3. 被告人庭前供述存在矛盾,当庭不供认

2021年《刑诉法解释》第96条第3款

……被告人庭前供述和辩解存在反复,庭审中不供认,且无其他证据与庭前供述印证的,不得采信其庭前供述。

4. 小结

被告人当庭供述或庭前供述得到其他证据的印证,是法官对其予以采信的前提条件。法官采信的是有其他证据印证的证据,这也是刑事证据法一以贯之的原则。

(三)口供印证规则的示例

案例7-2:余华平、余后成被控故意杀人案[①]

"广东省某市中级人民法院经公开审理查明:

2002年7月14日晚,被告人余华平因怀疑被害人王金伟偷他的手机,而与之发生争执,后王金伟被建帝公司值班的保安人员和余华平看管。其间,王金伟两次逃走,被保安人员和余华平、余后成发现并带回看管。7月15日凌晨5时许,王金伟趁洗澡之机再次逃脱。当日6时许,余华平、余后成在公司锅炉房内找到王金伟,合力将王按倒在地,采取用手捂嘴、用铁丝勒颈的手段,致王金伟死亡。之后,两人将王金伟的尸体抬到附近配电房侧的小巷内,由余华平伪造了跳墙摔下的假象。"

[①] 参见最高人民法院刑事审判第一、二、三、四、五庭主办:《中国刑事审判指导案例2(危害国家安全罪·危害公共安全罪·侵犯公民人身权利、民主权利罪)》(增订第3版),法律出版社2017年版,第467—471页。

某市中级人民法院据此判决：1.被告人余华平犯故意杀人罪，判处死刑，缓期二年执行，剥夺政治权利终身。2.被告人余后成犯故意杀人罪，判处无期徒刑，剥夺政治权利终身。

"一审宣判后，被告人余华平、余后成不服，提出上诉。余华平上诉提出：（1）没有杀人，是被冤枉的。没有直接证据证明他和余后成勒死被害人王金伟，仅凭口供不能定案。（2）证人证言可以证实他没有作案时间。（3）侦查阶段指认杀死被害人王金伟的现场是在警察提醒之后才知道是在大锅炉房后面，侦查阶段的有罪供述是被刑讯逼供的。其辩护人的辩护意见为：（1）被害人王金伟死亡时间是7月15日6时至7时30分，证人证言可以证实余华平没有作案时间。（2）提取的作案工具、现场勘验笔录及现场血迹的法医学DNA检验鉴定书均无法证实余华平、余后成到过现场。（3）余华平、余后成在侦查阶段的有罪供述存在矛盾和疑点，与其他证据无法印证。两人被刑事拘留后，未被依法移送看守所羁押。在讯问被告人过程中也未依法保障被告人合法的休息时间，两上诉人提出被刑讯逼供有事实依据。在非法羁押期间的口供应认定为非法证据。本案事实不清，证据不足，应改判无罪。"

"余后成上诉提出：（1）没有参与杀人。（2）侦查阶段的口供是被逼供的，并由警察提示下供述的。（3）证人证言可以证实他没有作案时间。其辩护人的辩护意见为：（1）本案唯一的直接证据是两人在侦查阶段的供述，两人的供述极不稳定，难以判断真伪，也无其他证据佐证。（2）两上诉人无作案时间。没有充分证据证实余华平、余后成杀害王金伟。应改判余后成无罪。"

"出庭检察员的出庭意见为:(1)原审判决认定的事实有相应证据支持。(2)原判在以下两个问题的查证上尚未达到'确实、充分'的程度:一是关于被告人余华平、余后成的作案时间问题,证人任小丽、苏光荣等人的证言和两被告人有罪供述之间不尽相符。二是铁丝圈认定为本案的作案工具的证据相对单薄。一审判决将侦查人员在现场勘查时提取的铁丝圈作为作案工具,此认定虽然有上诉人的现场指认等证据支持,但是,鉴于被告人供述间的矛盾未能充分排伪,这一认定仍缺乏有效佐证。因此,建议二审本着以事实为根据,以法律为准绳的原则,在充分考虑本案证据上述特点的基础上,依法作出公正裁决。"

"广东省高级人民法院经开庭审理认为,除上诉人余华平、余后成在侦查阶段的有罪供述外,没有其他直接证据证实两上诉人实施了杀人行为。两人的有罪供述前后之间、相互之间存在矛盾,也缺乏其他证据印证。且侦查机关获取有罪供述的程序有瑕疵。公诉机关提供的诸多证人证言证实了事件大致发生、发展的过程,也能反映出两上诉人有作案的动机和重大嫌疑,但无法确证他们实施杀人作案。尤其从被害人的表妹任小丽、表姨苏光荣证言反映出来的情况看,余华平没有作案时间。本案事实不清,证据达不到确实、充分的定罪标准,不能认定被告人有罪,应予改判。上诉人余华平、余后成及其辩护人关于认定余华平、余后成实施故意杀人行为证据不足,应宣告无罪的意见成立,予以采纳。"据此判决:1.撤销广东省某市中级人民法院(2004)某刑重字第8号刑事判决;2.上诉人余华平、余后成无罪。

本案中,被告人有罪供述的证明力不足:

1.除被告人余华平、余后成在侦查阶段的有罪供述(在检察机关审查起诉阶段开始否认犯罪)外,在庭审中没有其他直接证据可以证实两被告人实施了杀人行为

公诉机关提供的17名证人的证言只能证明本案的部分事实,即包括事件的起因、被害人王金伟3次逃跑后相关人员寻找及发现被害人尸体等事实,但无法证实最主要、最关键的事实,即被告人余华平、余后成实施故意杀人行为。现场提取的物证铁丝圈和血迹(DNA鉴定为被害人王金伟的血)亦无法证实两被告人到过现场。因此,上述(间接)证据无法互相印证系两被告人实施了故意杀人行为。

2.被告人余华平、余后成在侦查阶段的有罪供述前后矛盾,并缺乏其他证据印证

(1)被告人余华平、余后成的供述呈"时供时翻"的状态,极不稳定。

被告人余华平在侦查阶段作了12次供述,第一次(2002年7月15日的供述)未承认杀人,7月16日开始作了11次的有罪供述,审查起诉、一审庭审时开始否认杀人。有罪供述中,前4次供述是一个人作案,后7次供述与余后成共同作案。被告人余后成在侦查阶段作了14次供述,前5次未承认犯罪,7月18日开始作了9次有罪供述,审查起诉、一审庭审时开始否认杀人。

(2)两被告人的有罪供述前后不一,被告人余华平与余后成的有罪供述相互之间存在矛盾。

两人对作案工具、作案地点、作案方式的供述,始终无法吻合,两人有关杀人行为实施过程的有罪供述也无法与本案的其他证据相互印证。

综观全案证据,可以认定被告人余华平、余后成有重大的作案嫌疑,但是能够证明两被告人实施杀人行为的直接证据只有两人在侦查阶段的有罪供述,且极不稳定,相互之间存在诸多不一致之处,与在案其他证据不能形成相互印证。据此,二审法院严格执行法律规定的证明标准,对两被告人作出证据不足、指控的罪名不能成立的无罪判决是正确的。

本案很好地体现了口供印证在辩护中的运用。其一,间接证据不能相互印证。被告人的有罪供述真实性不足,表现在全案除余华平与余后成的有罪供述这一直接证据之外,没有其他证据证明两名被告人实施了杀人行为。两名被告人只在侦查阶段做了有罪供述,并且时供时翻,在检察机关审查起诉阶段已经翻供了,而且控方提供的证据只能证明部分案件事实,不能证明二人实施了犯罪行为。除被告人有罪供述这一直接证据外,其他证据都是间接证据,并且没有达到法律规定的间接证据定案要满足的五个层面的要求。其二,被告人余华平、余后成作出有罪供述的直接证据,本身也是前后矛盾的。同时要注意的是,两个被告人的有罪供述也是前后不一、相互矛盾的,比如犯罪现场与作案工具始终没有作出一致供述,并且两个被告人有罪供述与本案其他证据也无法相互印证。所以侦查阶段的犯罪嫌疑人有罪供述作为唯一定案根据没有其他证据印证,依据《刑事诉讼法》的有关规定,不能作为定案根据。

本讲我们从《沉默的真相》三个例子引出了共同的问题——一项证据的真实性如何得到印证,并通过对相关案例的研习,讲授证据印证规则的精义,以及证言印证规则、口供印证规则在刑事辩护中的具体运用。最后,我还是想叮嘱大家,青年刑辩律师与本科生、硕士生同学一定要静下心、系统学习刑事证据法学的基础知识。

第八讲
证据补强规则在辩护中的应用

董　坤[*]

补强证据规则在司法实践中已被广为应用,但在理论上对其研究还不够,尤其是在辩护中如何运用还需要做进一步的分析。

本讲主要包括三个部分,分别是:补强规则的基本内容、中国口供补强规则的内部结构、口供补强规则在辩护中的运用思路和方法。

一、补强规则的基本内容

(一)概念

所谓"补强证据",是指用以增强另一证据证明力的证据。一开始收集到的对证实案情有重要意义的证据,被称为"主证据";而用以印证该证据真实性的其他证据,被称为补强证据。创设补强证据规则是为了防止误认事实,故在运用某些证明力显然薄弱的证据认定案情时,必须有其他证据补强其证明力,才能被法庭采信为定案根据。一般来说,在刑事诉讼中需要补强的证据主要是被告人的供述,还包括证人证言、被害人陈述等特定证据。

---

[*] 中国社会科学院法学研究所研究员。

（二）补强证据须满足的条件

1. 补强证据必须具有证据能力

判断1：补强证据应当具有证据能力。答案：正确。

2. 补强证据本身必须具有担保补强对象真实的能力

设立补强证据的重要目的在于确保特定证据的真实性，从而降低误认风险，如果补强证据没有证明价值，就不可能支持特定证据的证明力。当然，补强证据的作用仅仅在于担保特定补强对象的真实性，而非对整个待证事实或案件事实具有补强作用。

判断2：补强证据对整个待证事实有证明作用。答案：错误。

3. 补强证据必须具有独立的来源

补强证据与补强对象不能重叠，而必须独立于补强对象，具有独立的来源，否则就无法担保补强对象的真实性。例如，被告人在审前程序中所作的供述就不能作为其当庭供述的补强证据。

判断3：补强证据可以和被补强证据来源相同。答案：错误。

4. 可以成为补强证据的证据种类非常广泛，不限于物证和书证

判断4：补强证据应当是物证或者书证。答案：错误。

（三）我国补强规则的现实体现

1. 口供补强

我国《刑事诉讼法》第55条第1款规定："……只有被告人供述，没有其他证据的，不能认定被告人有罪和处以刑罚；没有被告人供述，证据确实、充分的，可以认定被告人有罪和处以刑罚。"

这一规定，强调了不能把被告人的供述作为定罪和处罚的唯

一证据,口供必须得到其他证据的补强才具有证明力。由此可见,我国刑事诉讼法确立了口供补强规则。

2. 证人证言的补强

2021年《刑诉法解释》第143条规定:"下列证据应当慎重使用,有其他证据印证的,可以采信:(一)生理上、精神上有缺陷,对案件事实的认知和表达存在一定困难,但尚未丧失正确认知、表达能力的被害人、证人和被告人所作的陈述、证言和供述;(二)与被告人有亲属关系或者其他密切关系的证人所作的有利被告人的证言,或者与被告人有利害冲突的证人所作的不利于被告人的证言。"

基础训练:以下列举的证据属于补强证据的是?①

A. 证明讯问过程合法的同步录像材料

B. 证明获取被告人口供过程合法,经侦查人员签名并加盖公章的书面说明材料

C. 对与被告人有利害冲突的证人所作的不利被告人的证言的真实性进行佐证的书证

二、中国口供补强规则的内部结构

对于口供补强规则,可以依据条文来进行解释学的分析,这样的研究较为贴近实战,也符合辩护的需求。

(一)口供补强规则的性质(功能定位)

口供补强规则的性质也可称为口供补强规则的功能定位,即口

---

① 本题答案为C。补强证据的作用仅在于担保特定补强对象的真实性,而非合法性。A和B选项中所谓的补强证据"补强"的是证据的合法性,故错误。

供补强规则的功能是确保口供证据资格,还是担保口供证明力。

证据能够作为定案的根据需要经过两个前后相继的审查:一个是证据能力的审查,一个是证明力的审查。前者解决证据合法性的问题,后者解决证据真实性、可靠性的问题。口供补强规则对应的是证据的证据能力还是证明力呢？这里需要引入另外一个有关口供的规则,叫作口供任意性规则,在我国主要称为口供的非法证据排除规则,也即非法口供排除规则。非法口供排除规则是保障口供自愿性、任意性的规则,也可称为保障口供取得合法性的规则。从这个角度看,非法口供排除规则解决的是口供自愿性,即口供合法性的问题,属于证据能力的问题。《刑事诉讼法》第56条第1款规定:"采用刑讯逼供等非法方法收集的犯罪嫌疑人、被告人供述和采用暴力、威胁等非法方法收集的证人证言、被害人陈述,应当予以排除……"非法口供排除规则排除的是什么？是排除口供作为证据的资格。证据资格也叫证据能力,所以,从这个角度来说,非法口供排除规则解决的是口供证据能力,即口供证据资格的问题。如果将证据的审查过滤分为证据能力筛查和证明力筛查两个过程,那么非法口供排除规则解决的是口供审查的第一个阶段的问题。在口供已经具有证据能力的情况之下,即合法的情况之下,在证据向定案根据转化的过程中,也就是衡量其证明力的过程中,仅在判断证据证明力大小的时候才会用到补强规则。综上分析,可以得出如下结论:

非法口供排除规则与口供补强规则相对立,前者是解决的是证据的合法性的问题,即证据能力或证据资格的问题;后者是解决的是证据的可靠性、真实性的问题,即证明力大小的问题。可以说,口供补强规则是口供真实性的保障规则。

按照前文所述的补强规则的基本结构,在口供补强规则中,主证据是口供,其他增强或担保主证据口供证明力的证据则属于补强证据。

(二)口供补强规则的实践应用

证据证明力从法解释学的视角对法律条文中的具体内容,如口供补强规则中的主证据、补强证据的认定、适用条件和标准等进行解读。

1. 口供补强规则中补强的"主证据"

(1)"主证据"是供述不是辩解。

被补强的主证据是口供,但准确来说,《刑事诉讼法》第 55 条第 1 款表述的是"供述",不包括辩解。如果作反对解释,那么被告人的辩解是不需要补强的。因为供述如果作为定案的唯一根据会导致冤假错案,而辩解往往是证明被告人无罪、罪轻的证据,如果作为无罪、罪轻的唯一根据的话,不会产生对被告人不利的后果,因此我们对于供述防范性更高。

但是实践中的情况并没有那么简单,我们来举例子分析实践中这些情况到底是供述还是辩解?被告人张三被指控杀人,在讯问中承认他在另外一个地方盗窃,请问这是供述还是辩解?很简单,对于指控杀人这一部分显然属于辩解,但是张三却承认了另外一个盗窃的事实,所以它又属于供述。这份口供兼具供述和辩解两种性质,是否需要补强呢?此时,要结合指控的罪名来具体分析。如果张三被指控杀人,他承认在另外一个地方盗窃,这就从另一个侧面证明了他没有杀人。那么这个陈述针对指控杀人而言就是辩解。但是,如果指控他盗窃,他在另外一个地方盗窃就是供述,就需要补强了。有同志可能会问,要是检察院既指控他杀人又指控他盗窃呢?这可以一个罪一个罪地分析,适用的逻辑跟上面所述一样。但检察院一般不会指控一个人在同一个时间不同地点既盗窃又杀人,因为他自己也不会相信,本身也违反经验法则,不能成立。

(2)口供补强规则中的"供述"是直接证据。

供述是能直接证明案件主要事实的证据。仅凭供述就可以认定案件主要事实会有误判案件的风险,而这样的供述才是需要补强的证据。有些供述可能只能证明案件的一部分内容,不能证明案件的主要事实,仅凭它们根本不可能对全案有准确认识。这种情况下,法官不可能对案件形成心证,因为案件全貌并未呈现。这种供述是不需要补强的,也没有必要补强。因为这个时候它是一个间接证据,需要与其他间接证据串联起来证明案件主要事实或全部事实,并不适用补强规则。

2. 口供补强规则的适用阶段

《刑事诉讼法》第55条第1款规定:"……只有被告人供述,没有其他证据的,不能认定被告人有罪和处以刑罚;没有被告人供述,证据确实、充分的,可以认定被告人有罪和处以刑罚。"那么口供补强规则是不是适用全部阶段?法条的表述是,只有"被告人"供述,而不是"犯罪嫌疑人或被告人的供述"。被告人这一概念出现在检察机关提起公诉之后,而且口供补强规则是定罪规则,所以口供补强规则只能适用于审判阶段,用以限制法官的自由心证。但是审前阶段一定不适用口供补强规则吗?可以认为,至少在某些情况下不适用补强规则,比如某一强制措施的采用可以不适用口供补强规则。但是如果审前阶段都不适用口供补强规则的话,就可能导致警察取证时只关注口供,不关注补强证据。在我国以审判为中心的诉讼制度背景之下,证明标准要向审判看齐,从这个角度而言,口供补强规则应该向前延伸,延伸到侦查、起诉阶段。

3. 补强口供的范围或主要内容

口供的内容十分丰富,包括犯罪过程、犯罪工具等。要认定构成犯罪的话,传统的犯罪构成四要件有犯罪的主体、主观方面、客体、客观方面。大陆法系三阶层的构成要件为该当性、违法性、有责性。张明楷教授提出两阶层构成要件,即从客观到主观。这些构成要件所对应的事实的内容都可能在供述中涉及。这些内容是否都要补强呢?其实不是。这里的补强主要补强的是客观方面,至于主观方面是否需要补强,如故意、明知等是否需要补强,存在肯定与否定两种不同的观点。肯定的观点认为,涉及被告人犯罪主观方面的供述必须补强。否定的观点则认为,任何外在的信息都证明不了人的内心所思所想,只有犯罪嫌疑人、被告人的供述才可以深入人的内心世界。所以要求补强主观方面的供述违背了证明的基本规律。综合正反不同观点,考虑到实践操作层面对主观方面补强的困难,在此归纳出折中观点"客观推定补强说",即如果被告人的供述包括了主观方面,则需要补强。但是这种补强不需要有其他证据直接证明,只要有证据能够补强客观行为、客观方面的真实性和可靠性,再通过客观方面补强主观方面,这时候可以认为主观方面得到了补强。比如毒品案件中,行为人将毒品放入了汽车的轮胎中或者藏在内衣兜里,基本可以认定为行为人的"明知"。但是如果被告人乘坐公共交通工具,而毒品被放在其背着的一个开口的竹篓之中,就很难认定行为人主观上明知。

4. 口供补强规则中的"补强证据"

以下是用来补强口供的补强证据应当具备的基本条件。

(1)补强证据是口供外的其他种类的证据。

补强证据是口供外的其他种类的证据。先举个例子,请问被告人如果承认自己杀人,需要别的证据来补强,可是检察院找了被告人所作的多次有罪供述,他当着检察官的面先后9次作出了有罪供述,请问这9次有罪供述之间可否互相补强？答案是否定的。因为补强证据本身必须具有独立性,《刑事诉讼法》第55条规定的是"只有被告人供述,没有其他证据……""其他证据"二字表明补强证据本身不能是口供,这种证据种类还必须是口供外的其他证据,要有独立性,所以多次口供之间不能互相补强。

(2)补强证据要有独立来源。

补强证据不能与口供有同一个来源。比如,如果被告人作出了有罪供述,形成的讯问笔录,同时又有自书供词,或者同步录音录像,这些都不是独立于口供的、有独立来源的补强证据。

(3)共犯之间的口供能否互相补强。

共犯之间的口供能否互相补强呢？实践中的问题往往很复杂,我们来看两个案例。

案例8-1：张三、李四、王五共同犯罪案

张三、李四、王五三人一起抢劫银行,被当场抓获,分别关押,分别作出有罪供述,并且三个人的供述没有矛盾,都是自愿作出的,不存在非法取证的情况。这三个人的供述能否互相补强呢？

答案是类似这种同案共犯的供述是不能相互补强的,《刑事诉讼法》第55条第1款规定的是只有被告人供述,没有强调只有一个被告人的供述。但是实践中会将三个人分案处理,三个案件分别审理后,张三的陈述可能就成了李四、王五犯罪的"证人证言",形式意义上看,还是符合补强证据的要求。这是通过程序"拆解",即分案的方式将同案的犯罪嫌疑人、被告人供述变为其他证据类型,形式上满足了补强证据的要求。但这种做法是不妥的,因为这无疑是在鼓励办案人员随意分案,将供述改头换面为其他证据进而补强证据,认定被告人有罪。这种挂羊头卖狗肉的做法有些自欺欺人。

案例 8-2:甲、乙贿赂犯罪案

甲向乙行贿,甲涉嫌行贿罪,乙涉嫌受贿罪,甲的有罪供述能否用来补强乙的供述呢?

甲、乙的罪名不同。严格意义上二者的供述不能相互补强,因为二者在实质意义上还是"共犯"。实践中,存在不能说、完全可以说两种观点,我提出一种裁量说,即原则上不能相互补强,否则是在纵容仅凭言词类证据就认定犯罪,可能会架空口供补强规则。但是在部分取证非常困难的案件中,有学者试图提出一定的限定条件对这些案件作出类型化、限制性的处理:一是穷尽所有方法,仍无法取得其他补强证据;二是共犯之间排除了串供、诱供、刑讯逼供的可能;三是口供之间相互印证一致,没有矛盾;四是共犯人数在三人以上。我个人认为这种类型化的做法有些理想化,操作起来可能会比较困难。比如什么叫作"共犯之间排除了串供、诱供、刑讯逼供的可能"?当然,实践中还是存在这种可能,也不能一概而论、全盘否定,比如依据2000年最高人民法院颁布的《全国法院审理毒品犯罪案件工作座谈会纪要》(已失效)"二(五)关于毒品犯罪案件中有关证据的认定问题"的规定,"有些毒品犯罪案件,往往由于毒品、毒资等证据已不存在,或者被告人翻供,导致审查证据和认定事实困难。在处理这类案件时,仅凭被告人口供依法不能定案。只有当被告人的口供与同案其他被告人供述吻合,并且完全排除诱供、逼供、串供等情形,被告人的口供与同案被告人的供述才可以作为定案的证据。对仅有口供作为定案证据的,对其判处死刑立即执行要特别慎重"。这个规定表明,被告人之间的供述是有完全排除诱供、逼供、串供的情形的。

5.口供补强的对象范围

关于口供补强的对象范围,西方的各种判例最后形成了两种学说:罪体说和实质说。

(1)罪体说。

什么是罪体,我们可以把它分解成三个层次:

第一,至少要补强犯罪造成了一种损害,用最直白的话来说,至少你要告诉我在一个故意杀人案中有尸体,如果我承认杀人了,警方居然都找不到尸体,这案子到底有没有可能发生了还不知道,仓促定案很可能造成假案。最早的罪体说是指要有尸体这样的证据从而达到对损害结果的补强。比如在英国的佩里案中,被害人失踪,在警察的讯问下,被害人的佣人佩里供认自己伙同母亲、兄弟抢劫并杀害了被害人,并将其尸体扔进了沼泽地里。在并未找到被害人尸体的情形下,法院仅依据被告人的口供判处三人死刑。数年后,被害人从国外活着归来。[①] 该案促使一些英国法院开始反思自己的法律,要求谋杀案必须有补强证据,尤其是被害人死亡的证

---

① See Russell L. Miller, Wrestling with MRE 304(G): The Struggle to Apply the Corroboration Rule, 178 MIL. L. REV. 1(2003), p.4-5.

据,如尸体(corpse)才能作出有罪判决。①

案例 8-3:刘婷婷案②

2009 年 4 月,李某的儿子范某涉嫌盗窃被拘留,为了立功检举了母亲李某杀害姐姐刘婷婷的事实。范某对警方称,事发前两天他听到母亲和崇某商量要弄走姐姐刘婷婷。2001 年 5 月 5 日晚,刘婷婷回家后,他正在看电视,母亲特意把声音开得很大,和崇某走进了刘婷婷的房间。范某说,他听到过姐姐呼救。又过了几天,其母叮嘱他"这事就你和我及你崇叔知道,你对谁也不许说"。接到举报,警方立即传唤李某和崇某,二人承认杀死刘婷婷并埋尸。警方立即开始调查,但时隔 8 年,刘家发生巨大变化,李某所说的埋尸地点——小树林距离铁道只有十余米,十年的荒地,如今周围已经建起了房子。考虑到埋尸地点可能经过多次施工,办案人员把当年在此种树、施工的人找来逐一询问,仍未发现刘婷婷尸骨。本案中,因为没有尸体,犯罪后果并没有严格意义上的证据加以补强。最终公诉机关作出了不起诉的决定。

第二,就算找到尸体了,也未必就构成犯罪,所以必须还要补强损害是由某人的犯罪行为造成的。怎么理解这句话?这个尸体至少不是缘于自杀,而是他杀,你至少得补强到这是一起他杀事件。

第三,就算是他杀也未必是我干的。所以第三个要补强的是被告人把他杀了。也就是被告人与这个他杀的尸体有关联性。

---

① 参见李训虎:《变迁中的英美补强规则》,载《环球法律评论》2017 年第 5 期,第 123 页。
② 参见佚名:《嫌犯承认杀人,检察院却没起诉 因为警方还没找到被害人尸体》,载《生活日报》2011 年 9 月 17 日,第 15 版。

上述三种情形是三种不同的"罪体说"的版本。而西方的主流判例认为，补强只需要补强其中的前两个要素，即只要你找到尸体，只要你告诉我是他杀，不是自杀，有犯罪行为的补强，就可以给被告人定罪了。但是在第三个层次上，即是不是被告人干的，凶手和被告人是否同一，是不需要额外的证据补强的，只要有被告人供述就可以了。但是大家想想这样是不是有可能造成冤假错案？比如河南的赵作海案中，确实有人被杀了，因为发现了被肢解的尸块，但恰恰不是赵作海干的，他也承认了，结果他一承认是他干的，你又不需要就凶手同一性这个问题进行补强，结果就造成了冤假错案，所以基本上中国的冤假错案都是由于第三点没有认定凶犯同一的问题，没有就此进行证据补强造成的。所以，在命案等重大复杂案件中，我还是坚持口供的补强范围要坚持实质说三个层面，也就是要求犯罪事实、犯罪行为、犯罪主体同一都需要补强。但是如果必须具备上述三点，很多盗窃等"小案"可能也会难以"告破"，积案难以"消化"的问题也会凸显，这是我们需要进一步思考的问题。

案例8-4：万某某盗窃案①

犯罪嫌疑人万某某与其老乡万某于2009年10月27日晚9点许，因形迹可疑被巡逻民警抓获，万某某在被抓获后主动交代其两笔涉嫌盗窃犯罪的事实，其中其交代的2009年10月17日伙同他人以"仙人跳"的方式盗窃一男子3800元现金的事实，有被害人的报案陈述可以印证，因而可以认定，但其交代的2009年10月27日晚8时许，伙同"阿霞"以"仙人跳"的方式盗

---

① 参见刘浪：《自白补强规则实证分析》，载《华东政法大学学报》2012年第5期，第73页。

窃另一男子现金2500元的事实,并无被害人报案。民警在抓获嫌疑人万某某时,从其身上查获了现金2500元。老乡万某的证言证实,2009年10月27日下午5点,其与犯罪嫌疑人万某某在一起,当晚8时许,犯罪嫌疑人万某某去办事情,两人分开,当时9时许,犯罪嫌疑人万某某办完事情以后,又与其在一起,后两人均被民警抓获,此证言的内容与嫌疑人万某某供述的一致。

在上述案件中,证言对口供有一定的补强作用。但是根据刚才所说的罪体说的要求,本案有哪一点没有得到补强? 就是造成损害结果的部分。没有被害人报案,能否认定嫌疑人万某某27日晚伙同他人共同盗窃2500元现金的事实? 损害事实、损害后果的发生一定要有补强证据,但是本案没有被害人报案,造成实际的损害后果这一点无法确认,因此在罪体说的层面,口供没有得到补强。本案的处理结果就是撤销案件没有再追究。

（2）实质说。

什么叫实质说? 就是不需要用其他证据来直接补强口供的内容,而是补强口供本身的可靠性。比较常见的是对口供细节性内容的补强。简单来说,只要有证据能证明口供中的某些细节性事实,就能够补强口供本身的真实可靠性,这就达到了实质说的要求。只要让法官相信这个被告人供述的内容是可靠的、可信的,则以他自己的口供定案就没有问题。

按照实质说的观点,大家再看一下上面这个案例。本案的确没有被害人报案,但是有没有别的证据来补强,让你相信犯罪嫌疑人说的是真的? 首先,犯罪嫌疑人承认偷了2500元,民警在他身上确实查获了2500元。在独立的没有串供的情况之下,老乡万某证言的事实细节与犯罪嫌疑人的供述一模一样。请问大家,如果你是法官的话会不会相信口供是真实的?在这种情况之下,很多人认为本案是可以定罪的,在实践中也的确有一部分案件是这么处理。而这种处理案件的模式在一些"小案"中,中国的法官更可能接受的是实质说的观点。2021年《刑诉法解释》第141条就是这样规定的——根据犯罪嫌疑人、被告人的供述、指认提取到了隐蔽性很强的物证、书证。如果隐蔽性很强,别人怎么可能知道?你说了,而且也找到了,所以物证、书证对你口供的补强的作用非常大,如果不是犯罪嫌疑人、被告人("顶包除外"),肯定无法陈述这么具体、细节的内容,所以只要根据犯罪嫌疑人、被告人的供述或指认找到了隐蔽性很强的物证、书证,基本就可以确定真凶,定案了。

三、口供补强规则在辩护中的运用思路和方法

结合上述内容,辩护律师在辩护中对口供补强规则的运用要掌握如下关键内容:

(1)口供补强规则是证据能力规则还是证明力规则?需要注意的是,口供补强规则是证明力规则,不解决主证据的合法性问题。

(2)被补强的主证据——口供,是否包括辩解?只有被告人的无罪辩解这一孤证,仍然可以认定被告人无罪,但是只有被告人供述,不能认定其构成犯罪并处以刑罚。

(3)法庭上和法庭外的口供需要补强吗?侦查、审查起诉阶段的供述也需要补强,否则即使到了法庭,只有被告人供述也不能定罪处罚。但审前的一些其他证明活动,如采用、解除或者变更强制措施的,并不一定适用口供补强规则。

(4)口供必须包含案件的主要犯罪事实才需要补强吗？正确,如果是间接证据的话没必要补强,因为补强了之后也只能认定部分案件事实,不能认定构成犯罪。

(5)补强证据是独立于口供的、有独立来源的证据。被告人的多次有罪供述能不能互相补强？原则上不能,必须是其他种类的、具有独立来源的证据。

(6)一个不具合法性的证据,如采用刑讯逼供等非法方法取得的证据能不能补强？不能,补强证据本身必须具有合法性。

(7)共犯的口供可否互相补强？原则上不能,但是毒品犯罪案件中有例外。

(8)中国的口供补强证据规则中补强证据要补强的关键内容是什么？

①必须补强有犯罪事实的存在,以及被告人与犯罪事实具有关联性;

②对于隐蔽性补强证据要注意其来源是否有隐供、诱供,以及信息外泄等可能性的存在,如果没有,隐蔽性补强证据以及隐蔽性证据补强规则可以在办案中主动运用,积极实践。

第九讲
鉴定规则在刑事辩护中的应用

吴洪淇*

一、从两起案件谈鉴定意见辩护

本讲先跟大家分享我国最近这些年非常典型的两个案件。为什么从这两个案件讲起呢？因为在我这些年的研究中，这两个案件经常困扰着我，也是我国刑事辩护中关于鉴定意见的非常有名的案件。两个案件的案情与案件类型，有共同之处，但两个案件却具有完全不同的走向。第一个案件是非常有名的念斌案件，发生在福建省平潭县，该案件从2006年到2014年，跨越八年的时间，经过辩护律师艰苦卓绝的努力，取得了非常好的效果，念斌被判无罪，终于在2014年走出了看守所。第二个案件是复旦研究生林森浩投毒案件。由于大家对这两个案件都非常熟悉，因此我对这两个案件的案情不作过多详细的介绍。

念斌在2006年7月被控对其邻居丁云虾投毒，导致丁云虾中毒，两个孩子（一个八岁，一个十岁）最后中毒身亡。由于念斌与丁云虾之间存在生意上的竞争关系，念斌被指控为犯罪嫌疑人。该案件从2006年开始，经过了八年的审理，念斌先后被判处4次死刑。其整个遭遇非常令人感慨，但是从专业角度来说，念斌案件当中重

---

* 北京大学法学院研究员。

要的争点或疑点在于：念斌真的是投毒者吗？如果是投毒者的话，他是怎么投毒的？这里就涉及对毒物、毒源的鉴定，以及毒物的来源与性质，还有整个投毒的过程。这些都需要通过毒物鉴定反映出来。所以在整个过程中，最关键的问题是专业性非常强的问题，也就是毒源以及投毒的过程。公安机关经过前期的鉴定，已经确定是氟乙酸盐投毒，从死者的心血和呕吐物当中检测出氟乙酸盐。面对这样的鉴定意见，辩方一开始没有很好的办法。本案律师在她的博客里面同步更新案件进展，所以我们能够特别清楚地看到，这个案件实际上经历了非常曲折的过程。张燕生律师大概在2008年、2009年开始介入，但前期可能没有太多的进展，因为她能得到的材料非常有限。另外，他们从公安部和北京市公安局找到退休的专家，但是这两名退休专家，并没有办法到法庭上进行质证。据说2011年开庭的时候，这两名专家都到福建的法院开庭去了，但是因为这两名专家并没有在法庭上拥有一个很好的身份，所以没有办法介入法庭的质证当中。变化产生于2012年之后，也就是我们《刑事诉讼法》修改之后。2012年《刑事诉讼法》修改之后建立了专家辅助人制度，使得律师邀请的专家辅助人能够很好地介入进来。2013年、2014年是很重要的转折点，因为辩方拿到了上百张毒物鉴定质谱图，并把质谱图带去了香港，去请教香港的资深毒物专家莫景权。莫景权发现福建警方在检测过程中存在两个主要问题：第一个问题是同一份质谱图，既被当作心血样本，又被当作尿液样本。这是一个非常致命的问题。根据常人思维判断，心血样本和尿液样本不可能是同一张质谱图。第二个问题是另外一张质谱图，原来是实验室的样本图，却被拷贝成死者检验物的检验图。这是一个非常重要的转折点，因为如果我们去认真读一下判决念斌无罪的终审判决书的话,里面认定证据不确实、不充分的根据,基本上是把这两点照抄进去了。可以说,拿到质谱图,以及香港权威专家的介入,是念斌案件重要的转折点。

几乎在同一个时间段,在上海也发生了一起投毒案件。复旦大学的一名在读硕士研究生林森浩,因为与室友黄洋发生冲突,于是在饮水机中放入了从实验室带出来的毒物,导致黄洋死亡。该案在二审的时候,辩方也邀请了一位法医担任专家辅助人,并到庭提供质证意见。非常遗憾,这个案件并没有取得很好的辩护效果。尽管辩方在这个案件中也做了很大的努力,2015 年最高人民法院还是核准了林森浩的死刑。

两起案件之间有很多的共性,比如都是投毒案件,而且终审审判都发生在 2012 年之后,即 2013 年至 2015 年,所以制度环境是大体相似的。另外,两个案件都邀请了专家辅助人出庭作证,专家辅助人出庭之后,也都对鉴定意见提出了很多质疑点。但是两个案件最后走向是完全不一样的。当然,我这里不是质疑第二个案件,因为两个案件并不是完全一样的。仅就鉴定意见而言,我们可以发现对于鉴定意见的质证,两个案件有什么样的差异,是什么样的差异导致两个案件最后的结果截然不同。

这两个案件,除之前说的共性之外,其实还存在很多差异。第一,在念斌案件中,念斌实际上翻供了,除在侦查阶段供述说他确实投了毒之外,之后的阶段,尤其是到了审判阶段,一直都翻供而没有再供述过投了毒。而林森浩案件中,林森浩的供述基本是稳定的,他确实把有毒的东西放进了饮水机中,这是一个非常重要的区别。所以,其实这两个案件的证明要点是不一样的。念斌案件主要挑战的问题是这个投毒行为到底是不是念斌所为,因此念斌案件主要围绕该要点进行。控方证据是否足以证明投毒是念斌所为,因为念斌本身是否认投毒的。而林森浩案件的供述是稳定的,因此对辩方来说,其任务不是去证明投毒行为不是林森浩所为,而是被害人黄洋的死与投毒行为之间到底是不是具有因果关系,或者是不是完全因果关系。所以,两个案件的证明任务是不一样的,我们过去可能没有太意识到该问题。

第二,这两个案件的辩护前后的结果存在重要差异。念斌案件中,辩方是在2013年从警方手里拿到了上百页的关于鉴定投毒过程的质谱图。这些质谱图能够反映对毒源的鉴定过程。有了质谱图才能知道投毒过程是怎么进行的,才能够发现质谱图存在什么样的问题。质谱图相当于作出毒源结论的基础。念斌案件非常幸运,辩方拿到了质谱图,而林森浩案件,辩方一直没有拿到质谱图,这是两个案件非常重要的区别。

第三,如果比较一下两个案件所邀请的专家,也存在一些差异。念斌案件辩方所邀请的专家辅助人都有比较高的权威性,比如亚洲权威的毒物专家莫景权,还有公安部和北京市公安局的退休专家。当然,专家权威性是相对来说的,比如专家要对鉴定意见提出挑战的话,其与鉴定人之间是什么样的关系。很不幸的是,林森浩案件中,控方鉴定意见的作出者恰恰是这方面的专家,是司法部司法鉴定科学研究院的研究员陈忆九。他是这方面非常权威的专家,大家有兴趣的话,可以在网上搜一下陈忆九的简历,应该说是这个领域赫赫有名的专家。而辩方所邀请的法医专家可能就没有那么大的名气或者权威性。因此,控辩双方在对鉴定意见质证的时候,控方直接从辩方邀请的法医的专业资质、出具的检验报告,以及关于动物实验与人体的差异性的论文等方面,对辩方专家证人提出了质疑。就是反过来控方对辩方专家辅助人的权威性质疑,因为过去都是专家辅助人对鉴定人资质的质疑,现在反过来是控方对辩方专家质疑。可见,两个案件中双方专家的权威性也是存在差异的。这种差异可能很大程度上影响法官对鉴定意见的判断,鉴定意见本身到底能不能立得住,到底具不具有权威性,我相信对案件结果是有很大影响的。

第四,大家如果认真看一下这两个案件,对于专家意见的质证难度是不一样的。念斌案件的样本检验过程中存在非常明显的瑕疵,并被辩方抓住。而林森浩案件中,因为林森浩本身承认投毒,其承认行为相当于否定投毒行为与死亡没有因果关系,那么辩方需要找到替代性主张。也就是说,现在不能只说死亡与投毒没有关系,因为你确实投毒了,那为什么死亡与投毒没有关系,没有关系的话,到底是什么原因导致死亡呢?辩方的胡志强法医确实提出了意见,认为被害人死于暴发性乙型病毒性肝炎。很不幸的是,胡法医自己并不是这方面的专家。所以,尽管提出了替代性主张,但该主张并没有得到相应专家的支持。这也实际上影响了之后法官的采纳。

第五,如果把这两个案件的所有证据做一个盘点的话,还会发现非常要命的问题。念斌案件的证据在整体证据体系上都是存在问题的。也就是说,念斌案件当中,不仅对鉴定意见提出了质疑,而且首先被告人不承认,他翻供了,说受到了刑讯逼供、受到了胁迫。其次,证人证言也存疑,比如念斌提到自己在某天去买了鼠药,但是找到那个证人以后,发现念斌不是在那一天买的鼠药,时间对不上。再次,警察取证过程存在许多瑕疵,比如没有及时提取犯罪现场的烧水的锅,警方在笔录中说提取了,但事实证明并没有提取,存在很多的证据瑕疵。最后,在证据的保管过程当中,也存在断裂。所以,如果我们读一下念斌案件再审判决书的话,念斌之所以被判无罪,绝不仅因为鉴定意见本身存在问题,而是鉴定意见存在的问题同时得到了其他证据的相互呼应,最后导致法官判决念斌无罪。

而林森浩案件中,辩方仅仅针对死因提出辩护,缺乏其他证据的有效支撑。首先,没有被告人供述与之相呼应,因为被告人供述一直强调说确实投毒了,但是我当时并没有想让他死。那你说,跟辩方意见之间能够有什么样的呼应吗?没有什么样的呼应。其次,林森浩的两名律师也是非常强的,像斯伟江律师,在业界是赫赫有名的,他也提出,黄洋的死不能排除自身的健康原因。很可惜的是,他所提出的证据没有得到其他专家证据的有效支撑。所以,综合对比,这两个案件走向不同的结果有其必然性。但是,从这两个案件可以看出,鉴定意见的质证是一个综合性的、复杂性的、全面性的问题,绝不是单单针对鉴定意见本身,而是要把鉴定意见放到整个案件当中,作为整个案件中的一环去理解。只有这样,才能更好地理解怎样对鉴定意见进行有效质证。

二、鉴定意见审查的基本法律框架

作为一年级的刑辩律师,首先要了解一下整个法律制度环境对于鉴定意见是什么样的态度,有什么样的基本规则以及如何借助基本规则作出对当事人最有利的辩护。自2012年《刑事诉讼法》修改以来,在很多刑事错案中发现鉴定意见存在问题。最高人民法院公布的50个错判案件中,有16个案件涉及鉴定意见的错误应用问题。比较典型的如聂树斌案、杜培武案、呼格吉勒图案,以及张氏叔侄案。这些非常有名的重要案件当中,都涉及鉴定意见的错误采纳或者错误使用的问题。这也引起了整个社会,尤其是专业人士,如法律界专业人士对鉴定意见的警惕。因此,基本的趋势是对于鉴定意见有了更多的警觉。一个基本的标志是,2012年《刑事诉讼法》修改的时候,把鉴定结论改成了鉴定意见。尽管只有两个字的差别,但是我们可以看到,这两个词的背后,体现了一种观念,过去是一种结论,既然是一种结论,那么就带有一定的结论性。而现在代表一种意见,既然是一种意见,就说明它是参考性的,也就是对法官具有一种参考性。对法官的基本要求是,他们要承担起看门人的角色。所以刑辩律师要把握法律制度环境,了解在这个环境下,确立的对辩护而言非常重要的几个制度。

(一)鉴定人出庭作证制度

以往鉴定人基本不出庭的情况导致鉴定意见本身面临如此大的问题。因此,2012年《刑事诉讼法》确立了鉴定人出庭制度,明确了鉴定人出庭的两个基本条件:首先,控辩双方对鉴定意见有异议;其次,人民法院认为鉴定人有必要出庭的。所以,这是一个基本的条件,不光是基本条件,还赋予了制裁性后果。可以看一下《刑事诉讼法》相关条文。看《刑事诉讼法》有没有诚意,就是看法条本身是否有诚意,法条所确立的制度有没有诚意。有没有诚意的基本标志是有没有一个后果。有后果的,我们认为它总体上还是比较有诚意的。那么鉴定人出庭制度应该说还是一个比较有诚意的制度。它规定了鉴定人如果经过法院传唤,应该出庭而不出庭的话,鉴定意见不得作为定案根据。所以,在念斌案件当中,一共有七八个控方的鉴定人出庭,实际是在这样一个背景下发生的。不仅要求鉴定人出庭,而且明确规定鉴定人出庭后要具体做什么。2017年最高人民法院印发的"三项规程"中的《人民法院办理刑事案件第一审普通程序法庭调查规程(试行)》(以下简称《庭审规程》)里面明确要求鉴定人出庭以后,法院应核实鉴定人的作证能力、专业资质,鉴定人在法庭上具有如实说明的义务。这一点不仅是说一下,2020年司法部对整个鉴定行业进行了整顿,在这个过程中,司法部公布了十个案例,里面有一个案例就是鉴定人出庭之后没有很好地履行义务,结果被通报。鉴定人在出庭过程中,当庭发表了与鉴定意见相左的意见,最后被法院通报,而且被司法部作为违法违规行为的典型案例进行通报。所以,鉴定人出庭作证在新形势下对刑事辩护非常有利。如果对于控方的鉴定意见确实存在疑问,我们要利用好这样一个制度,及时申请鉴定人出庭。因为,申请鉴定人出庭之后,才能对其进行有效的质证,如果鉴定人不出庭的话,那么可能面对的是一张没有过程、只有结论的鉴定意见,很难对其进行有效的质证。

(二)鉴定意见的质证规则

大部分情况下,鉴定人是不出庭的,甚至95%以上的案件,鉴定人是不出庭的,辩护律师面对的是一纸鉴定意见。那么在只面对鉴定意见的情况下,我们该怎么办?

1. 鉴定意见出示的基本要求

2017年最高人民法院的《庭审规程》里面,对于鉴定意见的出示过程也作了明确规定,比如鉴定意见要出示原件,不能是复印件,而且鉴定意见要当庭宣读。因为鉴定意见本身就很简单,如果还不出示原件、不当庭宣读的话,我们更难以对其进行有效的质证。

2.有专门知识的人出庭协助质证

2012年《刑事诉讼法》修改给了刑事辩护律师非常重要的制度红利,这个制度红利就是让控辩双方在必要的时候可以申请通知有专门知识的人出庭,对鉴定意见进行质证。这对辩护律师是非常重要的规定。念斌案件从2006年到2014年长达八年的辩护过程中存在一个重要的转机,就是专家以合法身份介入辩护。在最后的再审过程中,辩方共有10名左右的专家辅助人介入案件,最后取得了很好的效果。而他们之所以能够介入,非常重要的原因是2012年《刑事诉讼法》的突破。对于专家辅助人的突破性规定,目的是对鉴定意见进行有效质证。过去辩护律师在专业问题上要对鉴定意见提出有效挑战是非常难的,因为辩护律师不具有相应的专业知识,在这样的情况下要想提出有效的挑战,其实并不具备基本的条件。所以在这种情况下,法律赋予辩方这样的权利,让具有专门知识的人协助辩方就鉴定意见进行质证。专业的问题要交给专家进行,这是一个基本的原则,律师要用好专家辅助人。念斌案件和林森浩案件,都邀请了专家辅助人,但是最后的效果确实存在差异。这个差异不能说是专家辅助人的问题,但某种意义上,这确实与专家辅助人有一定关系。所以,怎么用好专家辅助人制度,怎么更好地服务辩护目的,对辩护律师是一个很大的挑战。

(三)如何用好专家辅助人制度

1.初步研判

在考虑要不要用专家辅助人的问题时,要先做一个初步的研判,因为不是所有的案件都涉及专业问题,也不是所有案件中的专业问题都是核心问题。因此,并不是所有的涉及专业问题的案件都需要专家辅助人。同时，专家辅助人不太好找。而且，专家辅助人会增加当事人的成本。所以对于案件中涉及的专业问题，到底要不要邀请专家辅助人，以及邀请什么样的专家辅助人，需要做一个基本的研判。在此基础上才去考虑如何去找专家辅助人，因为在有些案件中，如果律师对专业问题能够驾驭的话，那可能就不需要邀请专家辅助人。或者专业问题在案件中并不是核心争点问题，只是很边缘的问题，此种情况下，可能没有太大必要邀请专家辅助人。但是，如果像念斌案件、林森浩案件的话，案件争点确实是非常专业的问题，像念斌案件，到底毒源是什么；像林森浩案件，投毒的行为到底是不是造成被害人黄洋死亡的直接原因。像这种专业问题，律师确实是没有发言权的，此种情况下，辩护律师要寻求专家辅助人的帮助。

2. 如何挑选专家辅助人

当我们找专家辅助人时，可能就涉及第二个问题，也就是怎么去选专家辅助人。专家辅助人的选定是非常重要的问题。当然并不一定都要找非常权威的专家，而且权威专家本身是非常稀缺的。对此，首先要看专业对口程度，因为案件当中涉及的专业问题各种各样，对于这些专业问题，不同专家的研究领域不同。在这个分工已经非常细化的社会当中，我们能不能找到专业对口的专家，是非常重要的。在美国的某案中，案件的争点在于被告人和被害人两个人在互殴的过程中，被告人持枪把被害人打死了，被告人对此声称是正当防卫，但如何证实是正当防卫呢。后来，辩方就去邀请了专家证人，邀请专家证人的目的是证明被告人是在什么情形下开的枪。该专家是一个创伤学专家，他通过创伤的痕迹，能够判断出枪是在什么样的情况下开的，然后结合案件的其他证据，最后得出的结论是，是在被害人抓住被告人并且一直往地上摔的情况下开的枪。这个专家非常神奇，但是这样的专家在美国可能只有一两个，他是这个学科的鼻祖，曾经写过这个学科的教科书，而且曾经解剖过上万具尸体。像这样的专家是非常少见的，一般案件中，可能很难找到这么合适的专家。怎么办呢，我觉得只能通过专业的协会，或者通过专业人士的介绍，去找专业比较对口的专家辅助人。同时，也可以参考他们的职称，看其在这方面的经验，看其是否做过这方面的研究，发表过这方面的论文，写过这方面的教科书，以及在这个行业的知名度等，这些都可能成为专家辅助人选择过程中要考虑的基本要素。

3. 与专家辅助人预先沟通，提前获取对辩护的有利信息

我们选好专家辅助人之后，不是说让他直接给我们出一个意见就好了，因为专家辅助人都是专业人士，他可能只对某一行业领域比较精通，其对于辩护人的具体案件需求并不清楚。因此，某种程度上，律师是一个连接点。一方面，律师连接了当事人的需求，知道应当如何去辩护。另一方面，律师知道辩护过程中需要什么样的专业支撑。因此，实际上，专家辅助人只相当于法律顾问，但这个顾问并不是法律专家，他并不知道你要从哪一方面进行辩护，需要辩护律师提供一个需求。专家辅助人相当于制造商，你需要什么东西，提出这样一个需求，确定在得到专业信息之后，能够有效地支撑起你的辩护。如果需要的东西不能从专家辅助人处获得的话，双方可能就没有办法形成合力。一个很好的办法是，我们在写辩护词或代理词的过程中，可以让专家辅助人有效地参与进来，不能说等到法院开庭之后再把他叫过来。在写辩护词的过程中，要去跟专家辅助人沟通，尽量吸收其专业意见，然后把该专业意见转化为辩护的

有机组成部分。

4. 向法院提出申请

当你已经找到专家辅助人,而且确信对辩护有帮助的时候,要向法院提出申请。这里面可能需要注意的是,并不是你提出申请,法院就会同意。法院是在认为有必要的情况下才会同意。在这种情况下,辩护律师要向法院提出一份包含翔实专业意见的申请,让法官意识到专家辅助人的出庭是有必要的,控方鉴定意见确实是存在问题的。在提出申请的时候,应该向专家辅助人寻求帮助。就是说,在申请的过程中,要让专家辅助人至少把一些基本思路或者鉴定意见的基本问题呈现出来。这样,让法官开始意识到鉴定意见可能是存在问题的。当法官意识到鉴定意见可能是有问题的时候,他才会让专家辅助人出庭。同时,我们在提出专家辅助人出庭申请的时候,也要注意申请鉴定人出庭,因为鉴定人如果能够出庭的话,效果会更好一些,能够当面接受专家辅助人的质证。

5. 庭审阶段与专家辅助人之间的配合

在法庭上,涉及专家辅助人与辩护人的配合问题,比如对鉴定人或鉴定意见质证的时候,到底应该由律师来进行质证,还是由专家辅助人进行质证。不同律师对此有不同的看法,有些律师认为,专家辅助人的专业知识比较强,但在法庭上的能力比较差,应当由律师在法庭上质证。而有些律师反过来,觉得律师不具备专业的知识,很难进行有效的质证,应当由专家辅助人对鉴定人进行质证。我觉得这可能要取决于不同的案件情况,有些案件当中,如果涉及的专业问题不是特别深,不是律师连话都说不上的情形,律师的质证效果可能比专家辅助人的效果好一些,除非一些很有经验的专家辅助人,比如像李昌钰,以及国内经常出庭并具有丰富经验的专家辅助人。因此,此问题不能一概而论。

三、鉴定意见的质证要点和方法

上文从法律角度分析了律师到底有什么样的武器。本部分从法官的角度,讲一下从哪些方面对鉴定意见提出有效的意见可以动摇法官对鉴定意见的判断。具体从以下八个方面展开:

(一)鉴定机构本身的资格或者条件,以及鉴定事项到底有没有超出鉴定机构项目范围或者鉴定能力

因为鉴定是专业性很强的领域,而且这种专业性体现在很多方面。所以,司法鉴定许可证对于机构本身的鉴定范围有明确规定,很少有机构能从事所有的司法鉴定业务。因此,我们对某一个司法鉴定机构是否具有相应的资质与能力,要进行一个初步的判断。根据国务院的规定,司法鉴定可以分为四大类,这四大类本身又可以分为很多细的方面。比如第一大类法医类,法医类又可分为法医病理鉴定、法医临床鉴定、法医精神病鉴定、法医物证鉴定、法医毒物鉴定。其实,法医学下不同的学科之间也是隔行如隔山的,比如一个人是做法医病理鉴定的,或者是做法医精神病鉴定的,你让他做法医毒物鉴定,实际上就是有问题的。所以应认真辨析,机构所从事的业务领域到底在哪? 2019年司法部通报的司法鉴定违法案例当中,有一个机构不具备相应的资质,但却实施了相应的鉴定,超出了登记执业范围。所以在司法实践中,这种情况不是没有,而是可能广泛地存在,也即鉴定机构并不具备相应的资质,但

是从事了相应的鉴定。所以,律师在审查控方鉴定意见的时候应该格外注意。这是第一个方面,也即从司法鉴定的行业范围、司法鉴定资质判断。

(二)鉴定人相应资格、资质、专业技术职称、是否违反回避规定

我国鉴定体制改革从 2005 年开始到现在已经有十几年发展历程了,鉴定社会化的进程也取得了比较大的进展。在社会上也有很多形形色色的鉴定人,有点鱼龙混杂的感觉,正是在此过程中,司法部发起了对整个鉴定行业的整顿。实践中确实有些鉴定人不具备相应的资质,为了盈利与生存,超越自己的能力去做鉴定。包括所谓的专家辅助人其实也存在这个问题,只不过专家辅助人不像鉴定人要求那么严格。鉴定人具不具备相应的资质,可以在司法行政部门的网站查验,也可以通过相应的网站查验执业证书是否在有效期内。另外,鉴定人资质是否符合法律规定的要求,比如《公安机关鉴定规则》第 31 条第 2 款要求应当由两名以上具有本专业鉴定资格的鉴定人来负责。如果只有一名鉴定人且其只是助理工程师,那么要看其是否有足够的执业年限,如果没有的话,按规定其不能出具鉴定意见。这也是 2019 年司法部发布的相关典型案例中一个案例,在该起医疗损害因果关系鉴定中,鉴定人不具备鉴定疾病所属学科相关的专业经历,所以被通报批评。面对鉴定意见的时候,要审查鉴定人是否具备相应的资质。公安机关也存在这种情况。因此,我们也要特别注意去审查,看控方鉴定意见是否有这方面的问题。

(三)送检材料来源,样本有没有被污染,是否具备相应鉴定条件

尤其在强奸、杀人、抢劫、盗窃这类案件中,往往存在很多微量

物证,以及在毒品案件中,包括毒品提取、搜查、称量、取样与送检等过程。这属于证据法里面的证据保管链条的完整性,也即送检材料有没有受到污染。大家都非常熟悉的典型案件是辛普森案件。辛普森是一名美国橄榄球明星,他被指控在某天晚上杀害了他的前妻。在他前妻住处发现了两具尸体,以及一个非常重要的第三人的血迹。经过对第三人血迹的比对,发现是辛普森的,而且在辛普森家后院发现了一只血手套。所以,当时控方对这个案件信心满满,觉得这个案件肯定没有问题,检察官认为这个案件是建立在血淋淋的证据之上,因为所有的"鲜血"都指向了辛普森。案件的结果大家都比较清楚,辛普森被判无罪,该案件号称世纪审判,影响非常大。辛普森为什么会被判无罪呢?这与他的律师团队密切相关。辛普森的辩护律师之一是艾伦·德肖维茨(Alan M. Dershowitz)。辛普森很有钱,所以他请了很多名律师,其中包括大家都非常熟悉的法庭科学专家李昌钰,也是所谓的"梦之队"律师团的一员,还包括纽约非常有名的洗冤律师巴里·谢克。巴里·谢克在审查控方证据体系的时候发现一个问题,即尽管现有控方证据中,那个从犯罪现场提取的血迹与辛普森是可以比对上的,但是警察在提取血迹的时候存在瑕疵,警察在事后到辛普森家里,从辛普森身上抽出一管血,目的是看犯罪现场发现的血与辛普森到底能不能对得上。但是警察抽出这管血之后,并没有直接回到警察局,没有马上保管起来,而是又回到了犯罪现场,因为当时警察的技术人员都在犯罪现场勘查,所以他就把血液样本拿到那里。那些技术人员又没有马上把血液样本拿回警察局,而是在现场大概放了八小时,然后才拿回到警察局。所以辩方律师就抓住这一点,说你把事后抽取的血拿到了犯罪现场,犯罪现场发现的血迹到底是辛普森作案的时候留下来的,还是事后伪造的,就变成一个说不清的事情。也就是说,一个检验样本,有没有被污染,保管链条有没有断裂,是非常需要关注的一个问题。有个证物袋是我在2017年到纽约参观一家DNA实验室时拍摄的。在纽约这个非常规范的DNA实验室里面,证物袋下半部分明确写着"chain of custody",就是证据保管链条。"receive from...by...",就是从哪里由谁接收的,时间地点是什么。通过这样的记录,能够把证据保管过程完整地呈现出来。那么,即使送到实验室,它也能很好地记录这个证据经过什么样的移转过程,中间谁经手了该证据,确保送检的材料和样本在该过程中不被污染。我们国家也明显强化了对于这方面相应的规定,就是办理毒品案件时毒品证据的同一性问题,这个问题实际上就涉及2016年由"两高一部"联合发布的《办理毒品犯罪案件毒品提取、扣押、称量、取样和送检程序若干问题的规定》,针对办理毒品案件毒品提取、扣押、称量、取样、送检过程,专门制定了非常详细的规范。公安部禁毒部门相应的规定里面,也对毒品的取证取样以及检验过程作了非常明确的规定。所以律师在进行辩护的时候,可以针对控方的鉴定意见的样本提取过程是否具备完整性,是否具备同一性进行质证,特别是在毒品案件的辩护过程中,因为所有毒品案件都要对其含量进行检验,在这个过程中,要充分利用相应的规定,进行有效的挑战。

(四)鉴定的程序和方法

关于鉴定的程序和方法是否存在问题,很多律师认为该问题难以判断,因为鉴定程序是一个很专业的问题,但是在有些情况下,鉴定程序是律师就能判断的问题。比如最高人民法院司法案例研究院转载的案例。[①] 这个案例中被告人喝完酒以后,与他人打架斗殴,周围群众报警后,等到警察来的时候,发现被告人开车开到马路牙子上了,然后警察把他给抓了,经过酒精含量测试,发现被告人体内的酒精达到了危险驾驶的含量,达到了 162mg/100ml。这个案件从辩护的角度来说没什么可辩护的,因为事实证据俱在。一审的时候确实定了危险驾驶罪,拘役三个月,但二审的时候发现了问题,问题是酒精含量测试是通过抽血来鉴定的,而抽血送检的时间出现了问题。侦查人员是在 2016 年 9 月 3 日抽取的血液,但是到 9 月 9 日才送检,鉴定人员是在 9 月 13 日开始检验,9 月 19 日才形成检验报告。这里面送检时间出现了问题。危险驾驶罪案件看似是非常简单的案件,但是对送检时间有明确的要求,无论是公安部相关意见,还是浙江省相关规范,对送检时间、送检的条件、血样保存的条件都有明确要求,比如浙江省相关规范规定要在冷藏区保存,并要在 24 小时内送检,如果遇到特殊情况,不能超过 72 小时。公安部的规定也与之类似,要求在 3 天内送检,而且 3 天内出具报告。很显然这个案例中,送检时间已经超出了规定的时间范围,所以这是鉴定程序问题。只要我们了解了鉴定相关的规范,就能对其提出挑战,时间规定违反了没有什么可说的,所以最后结果就是无罪。

(五)鉴定适用的标准有无问题

不同专业的鉴定都有自己行业的标准,根据《司法鉴定程序通则》第 23 条的规定,司法鉴定人员应当依据下列顺序,遵守并采用该专业领域内的技术标准、技术规范、技术方法来进行鉴定。第

[①] 参见金朝文、张旭:《【案例研究】血液乙醇含量鉴定程序违法的鉴定意见应予排除》,载最高人民法院司法案例研究院微信公众号 2018 年 10 月 8 日。

一是国家标准,第二是行业标准和技术规范,第三是该专业领域多数专家认可的技术方法。我们举三个例子,例子均涉及标准适用当中不同的问题,律师在这三个案件中的辩护都取得了成功。第一种情况是,在已有新标准的情况下,却适用了旧标准。在某起涉及伤情鉴定标准的案件中,两个人打架,被告人用折叠水果刀把被害人扎伤,导致其肺破裂。其实案情很简单,控方提交了人身损害鉴定,提出被害人所受伤害属于重伤,表面上看该案件可能也没有什么可辩护的空间。律师认真研究之后,发现鉴定适用标准存在问题,因为适用的是《人体重伤鉴定标准(试行)》,这个标准实际上1990年就已经不用了,当时用的是《人体重伤鉴定标准》(被2014年1月1日施行的《人体损伤程度鉴定标准》废止),没有试行两个字。而该标准并没有明确规定肺破裂属于重伤。很显然,该辩护起到了很好的效果。鉴定标准是变化的,如果大家有关注,就会发现关于比如文件、印章、亲权鉴定、笔迹鉴定等在2018年12月又都发布了新的国标,相关标准已经更新了,如果仍然适用旧标准就是不合适的。第二种情况是,在有国标的情况下,却适用了地区标准,这可能也有问题,比如在重庆的某起毒品案件中,律师发现公安机关出具的毒品含量鉴定标准是地区标准,而且该标准是有问题的,根据国家标准不是这么去做,所以最后律师提了出来,也取得了比较好的效果。第三种情况是,有多个标准的情况下,可能只有一种标准属于刑事标准,比如危险驾驶罪里面关于酒驾的标准,酒精含量检测存在多个标准,但只有血液酒精含量检验方法这个标准才专门适用于行驶中的车辆驾驶人,如果做酒驾案件的话,辩护律师一定要去关注这样的标准问题。如果控方标准发生错误的话,那么辩护就会起到事半功倍的效果。

（六）鉴定文书形式是否完整

《司法鉴定文书规范》对鉴定文书的形式规定是非常严格的，形式要件包括书名格式、标题、编号、盖章形式等。如果鉴定意见本身的文书标准出现问题的话，辩护律师可以直接提出来，尽管可能不会完全颠覆鉴定意见，但是至少在一定程度上能对其进行挑战，如果再加上有其他问题的话，就会使法官对鉴定文书的可用性存疑。比如甲与乙的两份文书，甲为正确完整的文书形式，有两名鉴定人，鉴定人的执业证号、鉴定人的专用章，都是完整的。而乙连基本要件都没有，那就是有问题的。

（七）鉴定的对象和送检的材料、样本是否一致

正如我们在念斌案件中看到的一样，鉴定的对象是两名被害人的心血、尿液样本。但是，在实际做鉴定的过程中，把标准样本的质谱图作为样本，显然是有问题的。对于这种情况，只有深入到鉴定过程背后，才可能发现鉴定对象与送检材料是不是一回事，鉴定过程有没有遵守实验室操作规程，有没有可能出现鉴定对象和送检材料发生混乱的情况。

（八）鉴定意见结论是否确定唯一

鉴定意见如何表达属于技术化问题。从辩护角度而言，要特别注意鉴定意见对当事人行为的判断，比如林森浩案中，被害人死亡与被告人投毒之间是否具有因果关系，这与鉴定意见的表述是存在很大关系的，如果鉴定意见中出现"不排除""均系……原因之一"或者"等原因"等字样，可能说明是多因一果，当事人行为可能只是

其中的一小部分，比如故意伤害致死案件中，鉴定意见给出的死亡原因是高度醉酒、情绪紧张、外力等因素综合导致的脑梗病变死亡，那么当事人行为只是外力来源之一。从辩护角度而言，尽管当事人施加了外力行为，但外力行为在死亡原因中只是很小的一部分，可以提出这样的辩护，最后也能取得一定的效果。所以一定要细心揣摩鉴定意见是怎么写的，从鉴定意见的表述方面，寻找对自己当事人有利的表达方式、辩护方案。

四、总结：律师如何对鉴定意见进行有效的辩护？

在新的时代背景下，在刑事辩护过程中对鉴定意见的挑战，我们律师应当说是处于比较好的、有利的时代。第一，整个趋势实际是对鉴定意见持比较警惕的态度的，现有法律框架也给律师提供了比较大的辩护可能性与空间。第二，律师如何在大的环境下做好辩护工作。首先还是要专业化，我很高兴看到，有些律师现在能够就某一方面很精深的问题进行讲解。比如有些律师专门做酒驾案件，就需要研究酒驾案件中涉及的鉴定问题；再比如有些律师专门做毒品案件的辩护，那么毒品案件的辩护里面会涉及哪些鉴定、哪些标准、哪些技术，可能与哪些专家打交道，这应当是办理这类案件的律师需要专门去做的。也即在专业化辩护过程中，一定要注意到鉴定意见的专业化知识与问题。第三，要用好专家辅助人制度，该制度对于鉴定意见的质证非常重要。律师的专业技术再强，对专业技术再了解，他终究不可能对所有的领域都了解，因为有些律师办的业务比较杂。在这种情况下，律师要用好专家辅助人制度，与专家交朋友，平时向你所从事行业领域的专家多请教，不能说我案子来了才请教,在平时就要多请教、多了解。另外,在整个辩护过程中,与专家保持密切的合作,一开始就让专家辅助人介入,这样才能达到最好的效果。最后一个建议,还是准备、准备、再准备,这是艾伦·德肖维茨所著《最好的辩护》中的名言,他觉得辩护成功的最重要的秘诀就是准备。提前准备,准备包括知识上的准备、人才上的准备,以及对于控方鉴定意见的各种支撑材料的准备。有了这种准备之后,我们才有可能成功,这句话特别适用于鉴定意见领域,因为鉴定意见领域技术性很强,如果我们没有事先的知识储备,没有专家辅助人提前介入的准备,没有对不熟悉的专业问题的前期的深入准备的话,是不可能取得很好的效果的。

第十讲
刑事推定在辩护中的作用

褚福民 *

推定是一个很有意思的证据规则、证据问题。对于推定问题,理论和实践中有很多争议。例如,从学术研究的角度来说,历史上国外学者对于什么是推定这一基本问题,进行过深入的研究,但是最后得出一个结论,推定的概念本身非常奇幻的。

如果结合中国的问题来说,它本身的奇幻之处,也有很多方面的体现。比如《刑事审判参考》已经出版了一百多集,其中关于刑事推定规则问题有十多个案例,无论是犯罪构成主观方面,还是客观方面的推定规则,都有体现。从这些案例可以看出,刑事推定规则本身的适用范围很广。但是,和实践案例相对应的一个问题是,到底什么是刑事推定规则?法律规定中是怎么规定的?这些问题在法律中规定得非常模糊。

这就造成了一种矛盾现象——立法中的模糊规定与司法实践中的广泛运用。而这会给辩护工作带来很多困难。因为,什么样的法律规定是推定规则,哪些法律条文里有推定规则,这是辩护活动中首先需要识别的问题。在法律规定模糊不清的情况下,如果没有刑事推定的基本理论知识,在具体案件中可能就没法做出一个准确的判断。

再比如,在司法实践案例中,检察官、法官在指控事实、认定事

---

* 中国政法大学证据科学研究院副教授。

实中有没有适用推定规则？因为在起诉书、刑事判决书中明确使用"推定"一词的很少，更多是使用一些其他的词语，比如"认定"等。因此，需要使用刑事推定的基本理论去辨别到底哪些案例中使用了推定规则。

通过对比，可以发现刑事推定在我国的立法和司法实践中，也是非常"奇幻"的状态。但奇幻归奇幻，刑事推定在刑事诉讼中是客观存在的，它对刑事辩护工作有客观的影响。所以，我今天以《刑事推定在辩护中的运用》这个题目和大家做一个交流，内容包括三个部分。

第一部分，问题的提出。第二部分，包括三个层面的问题：基于刑事推定要素和特征的辩护思路、基于刑事推定结构与效力的辩护思路，以及基于刑事推定功能和程序的辩护思路。从三个不同的层面把理论和实践打通，为辩护工作提供一个更有效、更直接、更具有操作性的建议或者思路。第三部分，结合刑事辩护的思路和推定的基本理论，提出几点个人的想法。

一、问题的提出

首先来看第一个问题，在开场白中已经讨论了一些。刑事推定在我国刑事诉讼实践中大量存在，从辩护运用的角度来看，刑事推定规则存在两个维度的运用困难。

（一）第一个维度：辨识难

不论是法律规定，还是司法实践，认定案件事实的法律规则和具体方式到底是不是推定，都需要分辨；首先需要辨识哪些法律规则是推定,法官在案件裁判中是不是使用了推定规则。律师在接触了一些刑事案件后,经常面对这样似是而非的规则,对于其到底是推定规则,还是证明规则,抑或是法律拟制规则,充满疑惑。这是刑事推定规则在辩护运用中存在困难的第一个维度——辨识难。

先来看几个法律规定。第一个例子是,2006年施行的司法解释——《最高人民法院关于审理未成年人刑事案件具体应用法律若干问题的解释》。其第4条第1款就规定,对于没有充分证据证明被告人实施被指控的犯罪时已经达到法定刑事责任年龄且确实无法查明的,应当推定其没有达到相应法定责任年龄。也即,对于行为人是否达到刑事责任年龄这一问题,如果案件中没有充分的证据证明行为人已满14周岁,或者已满16周岁,而且依据在案证据确实无法查明的情况下,该司法解释规定,不论行为人实际上是否达到了刑事责任年龄,一律推定没有达到。即使是客观上行为人可能达到刑事责任年龄,但是因为无法证明,这个法律规则做了一个选择,推定行为人没有达到相应的刑事责任年龄。这是明确使用"推定"一词的法律条文。在判断这个法律规定到底是不是推定规则的时候,一方面,会去考察法律条文中有没有用推定这两个字?在这个条文中是有的。另一方面,这个法律规定是否符合刑事推定的基本理论要求?这里先把这个问题提出来,后面再进行分析。

第二个例子是一个非常著名的条款——巨额财产来源不明罪。《刑法》第395条第1款中规定,国家工作人员的财产、支出明显超过合法收入,差额巨大的,可以责令该国家工作人员说明来源,不能说明来源的,差额部分以非法所得论。我国的刑法和刑诉学界对于我国法律中是否规定了推定规则这一问题争议比较大。包括毒品犯罪中的很多司法解释，以及持有型犯罪到底是不是推定，实体法和程序法的学者在很多问题上的认识是有差异的。但是，大家基本上都能认同，巨额财产来源不明罪是一个推定型犯罪。为什么它是推定型犯罪？这个刑法条文中并没有出现"推定"这个词。靠什么判断这是一个推定规则？其实，这时需要依靠刑事推定的基本理论。我们要掌握刑事推定的基本理论，明确推定规则的判断标准，然后才能判断一个法条文是不是推定规则。

我当年在考研的时候，就遇到过一个题目：分析巨额财产来源不明罪中证明责任的分配规则。众所周知，刑事诉讼中对于被告人有罪的证明责任，应当由公诉方证明。但是巨额财产来源不明罪中，存在证明责任的转移问题。行为人具有国家工作人员的身份，他的财产或支出明显超过合法收入，这些被认为是基础事实，检察官要承担证明责任。当检察官完成这些证明责任后，对于差额部分的来源问题，要由被告人承担证明责任。这就涉及证明责任的转移问题。证明责任为什么转移，其实是推定规则在发挥作用。

第三个例子，《最高人民法院、最高人民检察院关于适用犯罪嫌疑人、被告人逃匿、死亡案件违法所得没收程序若干问题的规定》第3条第2款："犯罪嫌疑人、被告人因意外事故下落不明满二年，或者因意外事故下落不明，经有关机关证明其不可能生存的，依照前款规定处理。"前款规定是认定行为人逃匿。我想，大家都学习过民法，所以当看到这款规定的时候，会感觉比较眼熟，为什么呢？因为它和宣告失踪的条件非常相似。在民法里，按照宣告失踪制度，这种情况下应当宣告行为人在法律上是失踪人。然而，根据上面这个条款，在大体相同的情况下，认定行为人是逃匿的人。在一个人因意外事故下落不明满两年的情况下,他到底是逃匿的人,还是失踪人?再往下追问,这个规则是不是一个推定规则?如果是推定规则,则要适用推定的相关理论或者规定进行辩护;如果不是推定规则,则要使用其他的证据法原理进行分析。这涉及辩护中到底怎么去把握相关规则,怎么适用法律规定的问题。

在司法实践中,刑事推定的运用同样存在不明确的问题。具体来说,在法院作出的刑事裁判文书中,大部分没有明确使用推定一词,导致推定的适用、相应的程序等没有受到法律约束,辩护无从下手。比如20世纪90年代的经济风云人物——云南烟王褚时健的案子。褚时健在即将退休时,出现了经济问题被查处。在案件判决书中提到,褚时健不能说明其巨额财产合法来源,经查证也无法查明其财产来源,所以认定构成巨额财产来源不明罪。这样的判决书表述中到底有没有推定规则?如果我们没有刑事推定的基础知识的话,没有办法判别,也没法进行有效的辩护。

(二)第二个维度:运用难

前面分析了识别难,意思是说在无法辨识刑事推定规则的情况下,辩护人很难提出辩护意见。然而,即使辩护律师能够识别出推定,如何提出有针对性的辩护意见,也是一个很大的问题。这就涉及运用难问题。

我们来看一个例子。在最高人民法院作出的(2018)最高法刑申763号驳回申诉通知书中,一审法院认定,罪犯涉及毒品犯罪;辩护律师认为罪犯主观上不明知,不构成犯罪,所以申请再审。最高人民法院的法官按照《全国部分法院审理毒品犯罪案件工作座谈会纪要》的规定,认为罪犯在邮寄东西的时候,使用了虚假的身份和地址。具体内容为：被告人实际居住于上海市的地址不存在无法通信的情况，能够快捷地接收快递，但是寄件人却没有寄到这个地方，而是寄到一个比较远的地方，且只留了被告人的手机号，名字也不是其本人。被告人在签收的时候没签真名，也没有签快递上的名字。综合以上情况，被告人使用虚假的身份、地址办理托运，而且还有毒品犯罪的前科，另外在被告人的住所内查获了毒品。所以推定被告人主观上是明知的，申诉不能成立。

大家看，如果我们遇到这样的判决书，进行辩护的时候，应该如何去辩护呢？我们假设这不是最高人民法院的判决书，是我们遇到的一份判决书，需要进行二审辩护，应该从哪些角度进行辩护？怎么回应一审法官在判决书中使用的推定规则？这是我们在实际辩护工作中会遇到的运用难问题。

总结一下，刑事推定在辩护运用中的困难包括两个维度：一是识别难，二是运用难。它背后体现出了刑事推定在辩护中运用的两大问题。第一，要理解和把握刑事推定的基本理论和规则；第二，要把推定规则有效运用到辩护中。这个过程，需要我们对于推定规则有深入的了解，同时还要把推定规则有效运用于辩护过程中。基于这样的思路，我结合推定的基本理论和辩护中的运用，提出来刑事推定在辩护运用中的三大领域：一是基于刑事推定要素和特征的辩护思路；二是基于刑事推定结构和效力的辩护思路；三是基于刑事推定功能和程序的辩护思路。

以下将按照这三个层次展开讨论。在每一个方面，我先分析推定的规则和理论，在此基础上结合案例、法规等，分析推定规则的具体问题，最后提出辩护方面的建议或者意见。

二、基于刑事推定要素和特征的辩护思路

(一) 刑事推定要素

我们总在讲刑事推定,刑事推定到底是什么?刚才我讲推定是一个比较奇幻的概念,但是我们在分析相关问题的时候必须有一个界定。我根据自己的认识和理解,把刑事推定界定为:通过证明基础事实,依据生活经验、逻辑法则或者法律规定,认定推定事实存在的制度。

从刑事推定的基本概念,我们能够提炼出刑事推定的三个要素:第一,基础事实;第二,推定根据;第三,推定事实。我们逐个分析推定的要素。

1. 基础事实

基础事实是什么?基础事实是推定的基础。从理论上说,它是整个推定活动的起点,是确保推定得以成立的前提条件。以褚时健贪污、巨额财产来源不明案为例。在这样一个案件中适用推定规则,基础事实到底是什么?根据刑事推定的基本理论,褚时健贪污、巨额财产来源不明案中的基础事实主要包括两点:第一,褚时健具有特定的身份,他是国家工作人员;第二,他的财产、支出明显超过合法收入,这是对他的财产、支出状态的认定。在这两点得以认定的情况下,才能推定得出后面的结论。通过这个例子,是想给大家说明基础事实是什么。大家要注意的是,基础事实本身是需要使用证据加以证明的,而且要达到法律规定的证明标准,这是适用推定的基础性条件。

讲到这里,可能有的律师朋友会提出来,推定和证明是不同的,为什么这里又要讲基础事实需要进行证明?我需要澄清一个概念,推定和证明是不同的,但推定的适用当中并不完全排斥证明。对于基础事实而言,它本身必须使用证据去证明,而且证明要达到法定标准。这个时候才能够进行推定。因此,对于基础事实而言,并不排斥证明。

我举一个例子。在我们单位的教研室集体备课的时候,有老师提出来,如果夫妻双方都是地方官员,两人同时涉嫌贪污、受贿罪。在两个人的案件查处过程中,各自贪污、受贿的款项都已经查清,最后发现家中仍有财产和收入的差额一百多万元。这时就涉及一个问题,这些钱是在没办法查明行为人通过贪污、受贿等方式获得的,且与合法收入之间差额巨大,按照法律规定,行为人可能涉嫌巨额财产来源不明罪。

这位老师又提出一个问题,如果认定构成巨额财产来源不明罪的话,夫妻双方的涉案数额如何认定?认定这笔钱是属于丈夫一方,属于妻子一方,还是要把这笔钱一分为二,一半认定是丈夫的,一半认定是妻子的?这是一个很有意思的问题。也就是说,在家庭财产或支出已经明显超过合法收入的情况下,夫妻双方中谁构成巨额财产来源不明罪?

对此问题,我的基本观点是:这个案子中对于基础事实的证明没有达到法定的证明要求。具体来说,在这种情况下,不论是认定丈夫,或是认定妻子构成巨额财产来源不明罪,都要首先证明行为人个人的财产、支出超过合法收入。这是基础事实,必须准确证明。然而,根据上面介绍的情况,夫妻的家庭财产中有这些钱,但是个人的钱怎么计算,没有办法区分、证明。这意味着,对于财产、支出明显超过合法收入这个基础事实,该案中没有得到证明,不符合使用刑事推定的第一个要件。所以,这个案件中不能认定丈夫或者妻子构成巨额财产来源不明罪。

2. 推定根据

推定根据,是从基础事实认定推定事实的根据。推定一般分为法律推定和事实推定,相应的推定依据也分为两类。对于法律规定来说,推定根据就是法律规定;对于事实推定而言,意味着没有被法律所明确规定,因此它的推定根据,只能是经验法则、逻辑法则、人情事理等。举例来说,在褚时健贪污、巨额财产来源不明案中,巨额财产来源不明罪中适用推定的依据是比较明确的,因为有《刑法》第395条第1款的规定作为依据,所以推定根据是法律规定。

当然,作为推定根据的法律规定本身,应当符合经验法则、逻辑法则等。也就是说,作为推定依据的经验法则、逻辑法则,是各类推定所必须遵循的根据。即使依据法律规定进行推定,作为推定根据的法律规定也要符合经验法则、逻辑法则。如果作为推定根据的法律规定不符合经验法则、逻辑法则,就会带来很大的问题。

简单举一个例子,彭宇案。在南京的一个公交车站,一个老太太下车,彭宇上车,老太太摔倒了。之后,彭宇把老太太搀扶到路边,联系她的家人;老太太的家人没有及时赶到,彭宇把老太太送到了医院;送到医院之后,她的家属还没有到,彭宇给她垫付了部分医疗费。事后,老太太说彭宇是撞倒她的人,而彭宇一直否认,后来双方进行诉讼。这个案件当时引起了网上的热议,大家都会想,遇到这种情况,到底要不要助人为乐,到底扶还是不扶?

这个案子到了南京的法院,法官后来判决彭宇承担部分责任,对于结论我们不去评价。判决中最关键的问题是,彭宇是不是撞倒老太太的人。一审法官在认定这一问题时适用了推定规则。一审判决书中有一些表述,大体意思是说:如果彭宇没有撞倒老太太,他可能就把老太太搀扶到路边,给她的家属打电话,等着她的家属前来就可以了;如果彭宇没有撞倒老太太,他不会把老太太送往医院;如果彭宇没有撞倒老太太,他不会在把老太太送到医院之后垫付医疗费。法官按照这种逻辑支撑判决,实质上是法官认为的经验法则和逻辑法则。

大家可以梳理思路:法官适用的经验法则、逻辑法则认为,如果彭宇没有撞人的话,他不会送老太太到医院,更不会垫医疗费,因此他送到医院和垫医疗费的行为可以推定他具有过错。这样的判决理由,引起了轩然大波。法律圈和社会舆论中有很大的争议,真正的问题在于:法官推定所依据的经验法则、逻辑法则是否能够被大家认可。用这个例子,我想给大家说明,作为推定依据的经验法则、逻辑法则,应当符合社会一般人认可的经验法则、逻辑法则。

3. 推定事实

推定事实是根据基础事实的成立所认定的事实。比如褚时健贪污、巨额财产来源不明案中,差额财产的来源是否合法,这是一个推定事实。推定事实有一个基本的属性是不确定性。推定事实不可能达到完全准确,和证明不一样,它是可以被推翻的。推定事实本身是否准确,取决于基础事实是否被证实、基础事实与推定事实之间是否有法律根据,或者作为推定根据的经验法则、逻辑法则是否符合一般人认可的经验法则、逻辑法则。这些因素决定着推定事实本身是否正确。所以,我们使用推定认定案件事实时,其实是一种选择。

（二）刑事推定特征

在分析推定要素之后,我们再来看推定的特征。推定有三个特征:

1. 推定会导致证明过程的中断

还是举巨额财产来源不明罪的例子进行说明。正常的证明过程是什么? 按照无罪推定的基本原则,被告人有罪的证明责任应当由控方来承担。控方应当证明犯罪构成的所有要件。具体到巨额财产来源不明罪,假设它是一个普通的罪名,控方应当证明行为人有特定身份,他的财产、支出明显超过合法收入,而且差额部分的财产来源是非法的。而推定的存在导致了证明过程的中断。因为,在正常的证明过程中,公诉人要证明以上三个要件,而推定的介入,导致控方只需要证明行为人有特定的身份,财产、支出明显超过合法的收入这两点。此时,对于控方来说,证明过程就此中断,同时带来的是证明责任的转移,被告方要证明差额部分的财产来源是合法的。也即,推定的存在导致证明过程的中断,证明责任转移到被告方。

2. 推定是一种替代证明的认定案件事实的方式,是从多种可能性中选择的结果

推定和证明都是认定案件事实的方式,而不是证明案件事实的方式。证明是认定案件事实的主要方式,但是推定与证明不同,它是替代证明的认定案件事实的方式。从逻辑上说,证明是符合思维规律的,具有逻辑上的连贯性;但推定则不同,从基础事实到推定事实,存在逻辑上的断裂和跳跃。

举例而言,在巨额财产来源不明罪中,一个人是国家工作人员,他的财产或支出明显超过合法收入,是否意味着财产的差额部分一定是非法的呢?存在两种可能性,可能是合法的,也可能是非法的。从逻辑上讲,控方应当使用证据证明差额部分的财产到底是合法的,还是非法的。在此基础上,对财产来源非法的部分,按照相应的罪名定罪处刑。但是推定则不同。适用推定,意味着在基础事实得到证明之后,直接认定推定事实。这是从两种可能性中选择一种;对于推定事实来说,和基础事实之间是一种选择关系,而不是由基础事实证明推定事实。从逻辑上分析,从基础事实到推定事实,可能存在逻辑上的断裂和跳跃,未必符合逻辑规律。所以从这个角度来说,推定是替代司法证明的方法,是对逻辑推理方法的规避。

3. 推定所规制的是一个事实和一个假定之间的关系

在此需要强调的一个概念是推定事实。我们是用推定事实这个概念,但是推定事实并不一定是事实,它是基于保护特定利益、价值而推定一种事实成立。推定具有可反驳性,具有不确定性。因此,刑事推定的事实可能为真,可能为假;一旦出现新的事实,证明推定事实不成立、不存在,这时候就可以直接推翻推定事实。所以,推定事实本身应该是假定,而不是事实。

以上是推定的要素和特征。从推定的要素和特征的角度来说,我提出几条辩护思路,以供参考。第一,要判断一条法律规则、判决理由是否为推定,首先要判断是否存在三个基本要素:基础事实、推定事实和推定根据。第二,基础事实、推定事实之间是否具有选择关系?一定要注意,基础事实和推定事实之间,应该是选择而不是确定性的对应关系。如果是确定性的对应关系,那不是推定,只有基础事实和推定事实之间是选择关系时,才是推定。第三,基础事实是否得到确实、充分的证明。第四,推定依据是不是符合经验法则、逻辑法则。第五,推定事实能否被相反事实所推翻。这些是推定要素,也是律师辩护时需要关注的重点问题。通过以上要点,判断认定案件事实的规则是否为推定。这样,一方面能够辨别是否存在推定;另一方面可以提出辩护思路,反驳控方不当适用推定。

我们回到刚才举的例子,来看逃匿的法律规定。根据我个人的理解,有关逃匿的规定不是推定,只是看起来有点像推定的法律拟制规则。行为人因意外事件,下落不明满两年,或者经有关机关证明不可能生存的,不需要满两年,民法中将此种情况下的人认定为失踪人,这符合逻辑法则、经验法则。但是,如果把此种情况下的人作为逃匿的人来认定,就会出现一个问题:这种认定是否符合逻辑法则、经验法则?行为人因为意外事件下落不明,是不是就逃匿了?从一般人的经验法则、逻辑法则来说,很难直接做出这种认定。但是,法律中又做出这样的规定,把行为人认定为逃匿,两个事情可能完全不相关,或者不能完全建立起这种联系。因此,我认为这个规则更符合法律拟制,而不是推定,因为它没有符合经验法则、逻辑法则的要求。

三、基于刑事推定的结构和效力的辩护思路

(一)推定和间接证据证明的区别

前面多次提到推定和证明的关系。其实,在比较推定和证明

时,更有针对性的是对推定和间接证据证明的比较,这两个概念或这两种认定案件事实的方法之间的差别,更能体现推定与证明之间的本质区别;将这两者进行对比,更能够解释推定的结构和效力问题。

下面举两个例子,展示推定和间接证据证明的使用情况。第一个例子是最高人民检察院发布的一个毒品犯罪的案例[①],从中可以看到使用推定认定案件事实的过程。简单来说,两个人去贩毒,找了一个司机。这个司机第一次跟着去取样品,随后参与了吸毒,而且其中一个毒贩还给司机少量的毒品,让他帮忙销售。第二次,一个毒贩告诉司机要去广州,但是没有说去广州干什么,这个司机马上就同意了。到了广州,毒贩买了毒品返回途中,被公安机关查获。

在这个案件的一审过程中,司机一直声称不知道毒品,只是认为去拉货,并且也没有证据证明司机获得了不同寻常的高报酬。按照疑罪从无的原则,一审法院宣告司机无罪。检察院抗诉,提出几个理由:第一,他们在第一次买毒品样品的时候,买回来后三人一起吸毒,而且其中一个毒贩还给了司机少量毒品,让他去问有没有人买,这就足以证明司机是知道这个货是毒品的。第二,其中一个毒贩说,他曾经提出过三人合伙贩毒,所以司机应该知道他们去广州是去购买毒品。第三,其中一个毒贩提出开车去广州,司机马上答应,对于费用、目的等根本没有问,而且到了广州后买了毒品马上返回,这个行程很诡异。因此,检察机关认为根据这些客观行为和情

---

① 参见《最高检发布检察机关依法惩治毒品犯罪典型案例》,载中华人民共和国最高人民检察院官网(https://www.spp.gov.cn/spp/zdgz/201806/t20180626_382847.shtml),访问时间:2023年9月28日。

况,推定司机应该知道毒品,所以应认定其行为构成运输毒品罪。二审法院认可了检察机关的抗诉意见,对一审判决进行了改判。

这是一个使用推定认定行为人主观明知的典型案例。在诉讼过程中,作为被告人的司机一直不承认自己知道毒品,其他被告人也没有稳定的供述,没有直接证据证明司机知道运输的是毒品,只能通过基础事实推定他主观明知。基础事实包括:司机吸毒的事实;有人提议三被告人合伙贩毒;对于出行的目的与费用,司机根本没有过问,这十分反常。根据以上基础事实,推定行为人主观明知。

第二个例子是使用间接证据证明案件事实的案件。杨飞故意杀人案是刊登在《刑事审判参考》中的一个案子。[①] 被告人杨飞是一个追求被害人的男青年,多次追求被害人均被拒绝,结果在被害人的家里,出现了被害人死亡的结果。被告人杨飞自杀未遂,最终被抓获。这个事情发生在被害人家中,没有第三人在场,被害人死了,被告人杨飞始终不承认自己杀人,坚称两人是相约自杀。所以,在这个案件中没有直接证据证明案件事实,没有被告人供述,没有包含案件主要事实信息的证人证言,没有视频录像等直接证据,而只有一些间接证据,如勘验检查笔录、尸体检验鉴定书、生物物证鉴定书、专家会诊意见、手机通讯录、化验结果等。

这个案件的核心问题是被害人的死因。按照逻辑分析,存在三种可能性:被害人自杀、第三人杀害、被告人杨飞杀害。因为没有直接证据,所以认定被告人杨飞杀人需要用间接证据形成完整的体系,排除其他两种可能性,并得出最终的结论。我们来看本案中的事实认定。

---

① 载最高人民法院刑事审判第一、二、三、四、五庭主办:《刑事审判参考》(总第65集),法律出版社2009年版,第7—12页。

第一,法官使用了一些证据的组合,排除第三人作案的可能性。因为当时在一个密闭的空间中,当被害人的男朋友到达现场后,被害人还没死,他看到房间里面只有被害人和被告人杨飞两人,因此被告人杨飞有作案的条件。通过现场勘查,发现屋门没有被撬动过的痕迹,所以可以排除第三人作案的可能性。

第二,最关键的一点是要判断被告人杨飞和被害人是不是相约自杀。法官使用证据认定被告人杨飞有杀人的动机,而被害人没有自杀的想法。在此基础上,通过尸体检验鉴定书、专家会诊意见等,证明被害人是他杀,而不是自杀。其实,这是我当时最为关注的问题。法官是怎么认定被害人死于他杀而不是自杀,这在《刑事审判参考》里没有说明。我认为,对于这个问题,最核心的证据是专家会诊意见,根据现有证据能够判断出被害人死于他杀,而不是自杀。关于这个问题,我请教过司法鉴定方面的专家,他告诉我可以通过伤口的部位、形状、作案工具等判断一个人是死于他杀还是自杀。也许,专家就是根据尸体伤口和工具的情况,判断被害人死于他杀。最终,法官排除了被害人死于自杀的可能性。法官通过证据体系相结合,排除了被害人被第三人杀害,以及自杀的可能性,最终形成了唯一的、排他的结论,被告人杨飞杀害了被害人。

前面的案例通过证明基础事实,推定行为人主观明知;而后面的案例,通过间接证据排除结论的多种可能性,最终得出唯一的结论。将两个案例进行对比,可以发现推定和间接证据证明有三点差别:

1. 认定结构的差别

推定的认定结构是"证明+认定",而间接证据证明是"证明+证明"。"证明+认定"中的证明是指对基础事实的证明;在基础事实得到证明之后,对推定事实的认定不是通过证明,而是根据推定直接认定,所以我把它概括为"证明+认定"。而间接证据证明中,首先是使用间接证据去证明一些与待证事实有关的间接性事实,再用间接事实进行逻辑推理,排除其他的可能性,证明待证事实。所以,使用间接证据认定事实的方式,是"证明+证明"的两步式证明方法。

2. 基础事实(或者间接性事实)与推定事实(或者待证事实)的关系存在差别

我们反复强调,推定事实具有不确定性,所以从基础事实到推定事实,不是一一对应的关系,从基础事实可以推导出多种结果,出于特定的原因在多种结果中选择一种加以认定,这便是推定。而在间接证据证明中,间接性事实和待证事实之间,必须是一一对应的关系。通过间接性事实认定待证事实,应当符合证据法在证据、证明方面的要求,特别强调通过间接证据得出的结论应当是唯一的,排除其他可能性的。这也是两者之间的差别。

3. 认定效力上的差别

通过基础事实认定的推定事实,只是初步的认定,而推定事实是否成立并不确定。这时,证明责任转移给了对方,由对方反驳。从这个角度来说,推定事实是不确定的,它的效力属于待定状态。而对于间接证据证明来说,一旦诉讼一方按照证明责任的要求,对证明对象展开证明活动,达到证明标准,这种证明活动就宣告完成,立即成立并生效,这种效力通常是不附加条件的。所以,间接证据证明的认定效力是确定的,而推定认定的推定事实是不确定的,这也是两者之间的差别。

（二）推定的结构

根据推定的基本结构，推定的适用过程为：一方证明基础事实，证明完成之后推定事实自动成立。随后，证明责任转移给对方，另一方为推翻推定事实而进行反驳；在对方反驳后，证明责任在此进行转移。所以，推定的结构中，存在"证明责任转移——证明责任再次转移"的过程。在该过程当中，对辩护方来说，要充分利用反驳的机会，使用前面提到的推定要素，对基础事实、推定根据或者推定事实进行反驳。作为辩护律师，要了解推定的结构特点，了解自己的权利，才能有效地适用推定规则。如果辩护律师没有认识到推定的结构特点，认为推定和证明是一样的，那么就可能错过反驳的机会。

（三）推定的效力

推定事实允许反驳，如果被告人没有反驳或者反驳不成立，推定事实得到认定。从基础事实的证明，到推定事实的初步成立，此时推定事实并未完全成立，属于效力待定状态，辩护方具有反驳的机会和权利。

（四）小结

推定结构、效力视角下的辩护思路包括以下几点：

1. 要注意认定案件事实过程中是否存在证明责任的转移

如果是推定的话，控方实现了证明责任，对基础事实的证明达到证明标准，证明责任随之转移到辩方。作为辩护律师一定要辨别，向法院争取反驳的机会。

2.要审查控方是否履行了证明责任

因为,只有明确控方履行了证明责任,此时才会发生证明责任的转移;如果控方根本没有完成证明责任,没有达到证明标准,则不存在证明责任的转移问题,这也是辩护律师需要注意的一个要点。

3.法院是否给了辩护律师反驳的机会

是否向被告方进行权利告知。辩护方作为诉讼一方,应该有权利了解推定的适用,这同时也是法院的义务。

4.被告方是否履行了证明责任

按照刑事推定的基本原理,辩护方履行证明责任,并不需要达到特别高的证明标准,和控方承担的证明标准是不同的。一般来说,辩护方的证明能够达到高度盖然性即可。所以,辩护方需要关注承担证明责任的标准问题,并明确如何说服法官。

5.对推定事实是否可以进行反驳

推定事实的可反驳性,是推定效力的一个特征。如果根本不允许反驳的话,这个规定就不是推定,而这也是辩护律师可以抓住的一个辩护要点。

四、基于刑事推定的功能和程序的辩护思路

分析基于刑事推定的功能和程序的辩护思路,我们要把握刑事推定的一些宏观问题。比如,应当对刑事推定的基本功能有客观的认识。刑事推定不是认定案件事实的首选方式,只有在一些特殊情况下才会适用,这就会涉及刑事推定的基本功能问题。通常而言,刑事推定的基本功能包括三点:第一,体现刑事政策;第二,解决

证明困难；第三，提高诉讼效率。

比如，推定的规则和适用比较多地集中在毒品犯罪、贪污贿赂犯罪等案件中，这背后有特定的刑事政策在发挥作用。只有在一些需要严厉打击的刑事犯罪中，指控犯罪遇到证明困难时，才需要适用刑事推定规则。再如，只有在诉讼过程中无法使用证明的方式认定案件事实时，也即存在客观的证明困难时，才有可能适用推定；如果能够用证据证明案件事实的话，一定首选证明的方式。所以，证明困难的存在是适用推定的前提之一。但并非所有存在证明困难的情况都适用推定，必须把证明困难和执行特定刑事政策结合起来，才有推定规则的适用空间。在刑事司法领域，刑事推定制度应该是被末位选择的。提高诉讼效率是刑事诉讼中需要关注的问题，也是适用推定规则的基本功能。

除了推定的功能，我们还需要对刑事推定进行理论反思。就像前面所讲，刑事推定是末位选择，与无罪推定原则具有冲突。无罪推定原则要求控方承担证明责任，被告人不承担证明责任；而刑事推定则是在一定程度上要求被告人承担证明责任。由此可见，刑事推定与无罪推定原则之间，存在一定程度的矛盾。从这个角度来说，对刑事推定应该予以严格限制。包括在实体法中，应当非常严格地设定推定规则的条件和要求；程序上，对于推定规则的适用应当有明确的程序限制。

所以从这两个方面总结，刑事推定是一个权宜之计，对此必须进行严格的限制。我们需要明确，司法实践中推定规则的使用主体，主要或者绝大多数是控方，这对控方肯定有利，但是对辩护方权利的保障来说，就是很大威胁。基于此，刑事推定的程序规则应该有两个基本出发点：一是保障被告人的知情权，二是保障被告人的反驳权。在制定程序规则的时候,应当围绕这两项权利去制定;刑事推定的程序规则,应该以保障被告人的这两项权利为基础。只有如此,刑事推定的程序规则才具有正当性;否则,程序规则只是机械性、工具性的条件,没有意义。

按照这种思路,我们可以分析法院在适用刑事推定的程序方面基本没有规则,由此带来很多问题。例如,从辩护的角度来说,法院没有向被告人进行告知,被告人、辩护人不知道法院在适用推定认定案件事实,辩护人无法知晓,更无法反驳,因此在推定的适用过程中,被告人的权利是很可能受到侵犯的。怎么办? 应当完善相应的程序规则,保障被告人的知情权和反驳权。

2018年最高人民法院出台《最高人民法院关于加强和规范裁判文书释法说理的指导意见》。其第6条规定,采用推定方法认定事实时,应当说明推定启动的原因、反驳的事实和理由,阐释裁断的形成过程。这个法律规则为下一步适用刑事推定程序规则的构建,提供了很好的契机或切入点。法院使用推定认定案件事实时,必须对使用推定方式认定案件事实进行说明;在诉讼过程中应当说明,在裁判文书中也应当说明,由此逐步建立完善的适用推定程序规则,只有这样才能保障辩护权的实现,为辩护活动提供必要的空间。

但是,从我国的实际情况来说,规则确实很少,实践中问题更多。这种现状对于辩护活动来说肯定是不利的,因为对于没有法律依据的辩护意见,法院、检察院可能不会理睬。但是,这个问题也有另一面。如果辩护律师能够掌握刑事推定的基本规则和理论,就能够发现检察院、法院在适用刑事推定规则时存在的问题,该问题有可能成为辩护中的一个突破点。所以,从推定的功能、程序视角进行分析,是我们审视推定规则正当性的重要视角,对于辩护活动具有很强的指导作用。

根据上面的分析,我们稍微总结一下推定功能、程序视角下的辩护思路。当判断一个规则是不是推定规则,或者当判断法院的裁判中是不是使用了推定规则的时候,需要一个判断的基础。比如,判断一项规则是不是推定,可以考察是否有相应的刑事政策作为基础。这是从功能的角度对刑事推定规则作出的判断。在推定规则的辩护方面,推定的程序规则也是重要的落脚点。尽管现在还没有特别具体的程序规则保障推定的适用,但是辩护律师可以被告人的权利作为基础,分析推定规则适用程序中的问题,并由此提出辩护意见。比如,法院在适用推定规则时,是不是保障了被告人的知情权,是不是保障了被告人的反驳权,由此提出辩护意见。最后,如果推定对于证明责任、证明标准带来了不确定、不正当的影响,那么这样的推定规则本身也不具有正当性,由此可以帮助律师形成辩护思路。

五、运用刑事推定规则的四个建议

最后,简单说一下个人的看法,权且当作辩护人运用刑事推定规则的四个建议。

(一)辩护的具象反驳思维

辩护律师在反驳推定时,不能把反驳的理由讲得过于抽象、过于笼统,要发现控方使用推定中的具体问题。比如,是基础事实、推定依据,还是推定事实存在问题?是具体推定程序中的问题?被告人哪项权利受到侵犯?针对这些问题,应该有具体的主张,而不能笼统地说推定不能成立。

（二）辩护的证据法思维

推定是一种替代证明的方式，但是在辩护中运用推定规则的时候，不能忘记通过证据、证明的视角质疑推定。比如，基础事实的证明问题、推定适用中的证明责任转移问题，都是证据法视角下的推定问题，这对于推定规则的辩护也是有意义的。

（三）辩护的实践思维

本讲对于推定的分析，可能更多的是理论上的分析，在辩护中应当注意，如何把理论转向实践。我所提供的辩护思路中，没有特别具体的操作方法，主要是一种指引。大家可以顺着这个方向，结合具体的案情，做具体的分析，从理论分析走向实践应用，通过应用把推定规则和理论具体化、明确化。

（四）辩护的控方思维

这是一个角色转化的问题，辩护律师也经常这样做。在推定问题上之所以强调控方思维，是因为在大部分情况下，推定的使用主体都是控方。辩护律师需要思考，控方为什么使用推定？控方使用推定的时候会有什么样的顾虑？比如，控方使用推定，应当是在遇到证明困难的情况下，这个判断本身对于辩护人来说很有意义。为什么存在证明困难？背后的问题是什么？辩护律师可以从这个切入点，发现控方在逻辑、指控证据方面的问题。

第十一讲
二审辩护的要旨

门金玲*

一、引子

首先是本讲使用的案例,案例中包含不同种情形的二审及其目标:

案例 11-1:宇文某某职务侵占、挪用单位资金、高利转贷案

案件的二审是由抗诉引起的,当事人诉求维持一审判决(缓刑)。因为二审由抗诉引起,二审的开庭就不需要申请了。因为我国《刑事诉讼法》第 234 条第 1 款第 3 项明确规定,抗诉二审必须开庭。而且案件三个罪名最后只认定了高利转贷罪,并判决了缓刑,这也是一审时律师艰苦努力得到的结果。但高利转贷罪是为了消化审前长期羁押,被告人的行为本身也不构成高利转贷,因为被告人和银行之间没有实质借贷关系。被告人和一个资产处理公司签订的合同,而这个银行是资产处理公司的放款行,所以是一个三角关系,银行和资产处理公司发生实质的关系,被告人与资产处理公司是相对关系。被告人做的项目是资产处理公司在银行设的理财项目。银行的钱也没有任何风险。追诉时是为了凑罪名而找到的 5 年前的旧事,三方早就结清的陈年往事。针对所指控的高利转贷罪被告

---

* 中国社会科学院大学法学院副教授。

人应该也是无罪的,一审时是基于各种因素下的妥协,被告人需要尽快出来不然公司就要破产了。

二审阶段要争取无罪,还是争取维持?这是要与大家交流的,因为在中国的司法环境下,辩护人任何的不慎,都有可能导致当事人处境的恶化。

案例 11-2:欧阳某某诈骗案

由上诉引起二审,一审判决无期徒刑,当事人诉求改判(无罪)。虽然指控数额巨大,但是是一次合同交易的标的额,所以是一个零和博弈,要么无期徒刑,要么无罪,没有量刑减让的辩护空间,当事人的诉求是改判,要改判就只能是无罪。而且这个案件一审不是我代理的,二审要从头做起。

二审是当事人上诉引起,首先,辩护律师要申请开庭,不开庭就不可能无罪。其次,开庭审理时如何争取到法庭的全面审理,而不仅仅是审理新证据。最后,是发回重审效果更好还是二审改判更好?稍后详解。

案例 11-3:司马某某故意伤害致人死亡罪案

二审是上诉引起的,当事人诉求改判减低刑期。案情是五个朋友喝酒,其中一个去卫生间时与人发生口角并发生肢体冲突,叫来四人帮忙,不慎将被害人伤害致死。二审找到我的委托人是被认定为第二主犯,对一审判决不服,要求减刑。一审时被害人出具了谅解协议书,他们一起赔了被害人六十多万,惹事的第一主犯被判了 12 年,其他人都是从犯,判得很轻,就这个委托人被认定了第二主犯,判了 9 年,不服。

这也涉及是否要申请开庭的问题,以及如何寻找减刑的辩点。

最终这个案件是在没有开庭审理的情况下,就获得了减低刑期的效果。

案例 11-4:令狐某某贪污、滥用职权案

二审由上诉引起,当事人诉求改判(减低刑期),但案例 11-4 与案例 11-3 是不同的,这个案件如果不开庭就不可能取得减低刑期的效果。

总而言之,二审辩护效果与辩护工作的难易度、工作量大小、重点、主要面向、方式、方法、地方司法生态等因素密切相关。

二、一审与二审辩护的不同

(一)主要面向不同

在我国两审终审制度之下,二审主要是为了纠正一审判决错误。同时,获得司法的两次审理也是一个公民的宪法权利。二审的功能决定了二审必须全面审理。同时,二审的审判对象与一审也有所不同。除案件事实之外,二审还要审理一审审理程序和判决书认定,包括:审理程序是否错误以及对案件结论的影响,判决书对事实认定和法律评价的正确与否。二审审判对象的特殊性,决定了二审辩护的重点也是三个方面,即案件事实、一审审理程序、一审判决书认定。对于某些没有争议的事实,控辩双方可以协商一致,简化审理或者不再展开法庭调查。

(二)审理程序有别

一审审理程序,无论是事实调查还是发表意见,顺序基本为公诉人先进行,再由被告人进行,再由辩护律师发言。而二审阶段,如果是只有上诉没有抗诉的案件,由辩方先进行,辩护人先发言,发言内容整体上是围绕一审程序、判决书认定、一审案件事实认定的问题。具体审理重点由个案决定。如果是有检察官抗诉的案件,由检察官先开始,顺序上与一审无异,内容上有别,二审还会审查一审判决书和审理程序。

宇文某某职务侵占、挪用单位资金、高利转贷案中,检察机关抗诉后,二审是开庭审理。因为此案如若二审改判一审结论,涉及一审认定的事实,因此从诉讼原理的角度审视,二审如果要改判一审结论,必须全面展开法庭调查。辩护律师必须要做好全面应对二审检察官对所有证据进行举证、质证的准备,按照检察官抗诉的举动判断,必定是需要全面审理、全面调查证据,以推翻原审理。

(三)实务中出现的问题

1. 抗诉案件中二审检察官不全面举证怎么办

但是,在实务层面,实践中检察官虽然抗诉了,但背后有很多因素决定了抗诉,或者未必真想抗诉,所以二审的时候本该主动举证,全面调查事实的检察官会消极举证或者不举证,认可一审的审理。抑或者检察官认为法庭调查不重要,认为二审不全面举证也能否定原判事实认定推翻原判。不管因为什么原因,如果遇到了二审检察官不全面举证的抗诉案件,律师究竟应不应该提醒或坚持检察官应该全面进行举证质证,否则法官只能维持一审判决?要在庭审中就指出来吗?

辩护是一门实践性极强的学问,在技术层面的对与错,从来都不是一个固定的答案。如果此时律师坚持在开庭时指出应该全面举证,那么检察官进行全面举证的可能性是很大的,这就给二审改判创造了法律上的条件和机会。要么辩审冲突。我个人认为,如果辩护律师艺高人胆大,完全可以先尊重审判长的决定,检察官不举证就不举证了,反正我国法庭审理当庭不出判决,这就意味着辩护律师可以在开庭之后继续博弈,给法官"施加压力",说服法官如果开庭时没有对证据进行全面举证、质证,就只能维持一审认定的结论,否则裁判违法。如果一定要改判的话,还得重新再开庭。第一次开庭之后,一定要积极与法官沟通,口头沟通并递交自己的书面意见,增强法官维持一审判决的心证。如果等到一定时间,存在超期限还未做出判决的话,要提醒法官及时作出判决,以及本案维持原判的必要性。

2. 是否要求开庭

二审开不开庭对于二审裁判是维持还是推翻很重要。所以,一般在追求维持原判的二审辩护目标下,辩护律师可以不要求开庭审理。追求二审改判的辩护目标之下,一定要先把开庭事宜搞定,否则书面审理,很难改判。当然不排除在特定情况下能实现,但不能当作一般性经验。所以如果追求改判,一定要努力推进二审开庭审理。令狐某某贪污、滥用职权案中,辩护律师的首要目标是磕开庭。怎么磕?从一审审理程序的法庭调查程序中找毛病,从一审判决书中找事实认定的毛病,因为只有事实问题争议,才是开庭审理的必要条件。法庭调查是必须开庭审理才能完成的,如果事实无争议,只有法律评价的法律问题争议可以书面审理解决。

令狐某某贪污、滥用职权案的一审法庭程序,从庭审笔录中看到,检察官举证是念了整整一页的证据名称之后,问被告人质证,问律师质证。被告人和律师也概括性地提出自己的意见。这显然不符合"一证一举一质一辩"或"一组一举一质一辩",因为这里的"一组"是指以在人类的聆听、记忆、认知常识范围内的,以要指控的事实为对象的一组证据,不能是这一整页 A4 纸证据名称涵盖数百个事实,即便是被告人自己做的事情,听到最后一句话时早忘了前面第一行说的是哪些证据……要口头加书面地向法官提交二审必须开庭调查证据的必要性,一审程序的违法性。同时,还要积极地去调查取证,向二审法庭提交新证据,有新证据也是二审开庭审理的法定条件之一。所以,提交新证据也是磕二审开庭的有力武器。只是,在开庭审理时,还要面临一个新的任务,就是怎么才能让合议庭不只调查新证据,而是要把一审中审理程序违法的其他原审事实也一并全面展开审理?恐怕就只有坚持前面说的有效指出一审法庭调查的程序违法。

不同案件中要根据自己不同的诉求,提交不同法律意见或者申请。

司马某某故意伤害致人死亡罪案中,一审时司马某某被认定为主犯,被判处九年有期徒刑,其他从犯被判缓刑。司马某某认为事情也不是因自己而起,别人都被轻处了,为啥自己要与找事儿的一起被认定为主犯。我是二审时接到这个案件。研究了半天,认为如果开庭审理,反倒不利于减刑,因为是有五人的共同犯罪,其他三个被认定为从犯的人肯定不愿意开庭审。二审不开庭,是不是有可能减上两年刑呢?我先是研究一审判决书,针对一审认定司马某某为主犯的一审理由中存在的瑕疵,以开庭审理为诉求,争取再为司马某某减刑"制造"新的理由以便书面审理也能减刑。一般来说,二审法官是不愿意开庭审理的。经过与法官的沟通,法官提出解决方案是让司马某某增加对被害人的赔偿数额,再赔 10 万元,如果被害人能接受,就酌定减刑两年。这样就不开庭审理了。经过与委托人协商,我们接受了这种方案,放弃了二审开庭审理的诉请。

3. 二审辩护的关注重点

总而言之,二审辩护的时候,要关注以下问题:

(1)法官心证。

一审是在没有结论的、未知不确定的基础上,建构法官的心证。二审是已经有了一个标准——一审结论,法官也已经基本上认定了这个结论,辩护律师需要改变这个心证,重构这个心证。

(2)审理程序。

二审只有上诉时需要律师适应先发言的情形。

(3)辩护的面向。

辩护的面向除了一审审理程序和一审判决书、案件事实,还包括一审法官的考核、法律监督等问题,律师可以利用体制内的很多设置,比如寻求检察机关法律监督。《刑事诉讼法》明确规定了检察机关的审判监督,既然是审判监督,当然包括审理方式的监督。要激活《刑事诉讼法》的法条,做好解释。

(4)辩护的内容、方法和策略。

辩护的内容、方法和策略,都是开放的。辩护是一个开放的技术。比如王书金案中,法庭审理过程中,王书金供述自己杀了聂树斌案件中的被害人,辩护人也说王书金杀了人,公诉人希望自己控诉的故意杀人案能够得到及时审理,坚持聂树斌案的被害人不是王书金杀的。在这个案件的庭审中,公诉人和辩护人的角色突然变得模糊了起来:作为辩护人的律师坚持王书金杀了人,作为公诉方的检察官坚持王书金没有杀这个人。虽然看起来很诡异,但是对于辩护律师来说,正是这个坚持,让王书金一直活到现在,不然他可能早就被判死刑立即执行了。所以辩护和指控都需要经验的积累,通过多接触案件,才能成为一名成熟的检察官或律师。

三、吃透一审判决书事实认定与法律评价的逻辑

一审判决是二审审判的对象,所以二审辩护律师一定要吃透一审判决。

如果一审不是自己代理的,二审刚接手的律师更要反复琢磨一审判决。在法理和规范层面上,琢磨透一审判决中事实认定的证据与常识逻辑,琢磨透一审法律评价适用的法理和规范解释。虽然最高人民法院一再要求判决书说理,但是大部分判决书是粘贴一部分"公诉意见",粘贴一部分"辩护意见",并不详细解读并明示法院观点,而是会在"法院认定"部分,总结性地说判决结论。这实质上还是没有落实"判决书说理"。由此需要我们从"法院认定"部分的字里行间,琢磨判决逻辑。

(一)"法院认定"——以构成要件和法律规范为大前提

研究判决书"法院认定"的有效性取决于你对判决书适用的法律规范构成要件理解的深刻程度。准确掌握大前提,才能很快地去粗取精、去伪存真。比如,在诈骗案中,一定要有关于诈骗罪构成要件的思路,这样才能在大篇幅的判决书中抓住关键信息,而这个能力取决于律师对具体罪名的构成要件的知识的掌握。

欧阳某某诈骗案一审判决书,虽然长达近百页,但直扑里面提到的"虚构事实、隐瞒真相"的事实,有哪些虚假虚构的事实。进而寻找,这个"虚假虚构"是不是"导致"了被害人"处分财产"的意思

表示,且这种处分财产的意思表示是被害人"错误意思"表示,即对"虚假虚构"不知情。而后被害人处分财产的行为导致了被害人的"财产损失"。而这个"财产损失"得是指控犯罪的数额。在这个思路的指引下,发现欧阳某某诈骗案中"虚构虚假"的就是被告人擅自修改合同提货方式,把合同约定的卖方送货改为"自提",导致货物到底是否送达应该送达的仓库是存疑的。最终"跑货"了,货丢了,导致了被害人的损失。涉案的合同是一个四方融资代购手机合同,这也是当下手机采购的主要模式。所有的运作都是通过网上,完全依靠 B2B 平台进行的。在研究本案时,我发现提货单上的公章所起的作用是非常微弱的,相当于一个附件,一个在发货方同意自提之后的附件,而真正起作用的是 B2B 平台的登录密码,而这个密码是另一方合法授权给被告人的。并且,这种自提方式是整个手机二级批发行业惯用的,旨在节约物流时间争取新款手机早上架。我就开始在原案中寻找被告人和被害人之间所有的合作模式,特别关注的是提货方式。我发现被告人和被害人之间共做过四次手机购销代理,出事的这一次是第三次,前面有过两次,后面有过一次,每次提货方式都是"自提"。这就找到关键了。被害人对于手机市场的合同约定的"送货"和实践中的"自提"必须是知情的,被害人知情对被告人构成诈骗构成阻却!况且被告人始终不承认有骗被害人的故意。找到"案眼",并得出"辩点",不愁法官开庭审理二审案件。

律师与法官要积极沟通,沟通之前一定要确保自己对案件非常熟悉,这样才能锁定"辩点"和"辩眼"。本案中,律师首先应该将证明当事人之间几次交易事实的证据链准确、清楚地梳理出来。其次,要将每次合同交易时的提货方式以及合同约定的提货方式、每次P图的方式都一样都指出来。

本案本该探讨合同诈骗,因为被告人的行为都是在履行合同行为,被害人的财产处分和财产损失也是履行合同所致,但是很奇怪为何一审却判决构成一般诈骗罪呢?经过看卷发现,原来这出事的第四次合作没有签订合同,直接在B2B平台下的单,沿用的是第一次签订的合同,但如果按照合同诈骗罪认定,则无法绕开几次合作的提货方式都一样都是"自提",绕不开"被害人知情"。所以一审就拧巴地判决:事实上是合同行为,结论上是一般诈骗,而不是合同诈骗。这又是一个非常站得住的辩点。

宇文某某职务侵占、挪用单位资金、高利转贷案,一审是我自己代理的,所以二审辩护没有费很大的力气。一审公诉机关指控的逻辑是:借款给公司——再以支付工程款的名义打到承包商账号上——再从承包商账上"倒账"出来给自己——又以借款名义注入公司——计本取息计复息。因此构成了一笔款,两次计本取息,构成职务侵占。一审法院推翻了这个指控逻辑,因为我们举出证据证明涉案款项实际上就是工程款。锁定的"辩点"是:举出确凿证据证明公司的工程量、应付工程款、实际支付工程款。举出确凿的证据证明被告人和承包商之间有个人借贷关系,有借有还。如果实际支付工程款都未达到应付公款的数额,被告人和承办商又有个人借贷证据,公诉机关所说的"倒账"如果只剩下一个"承包商"的主观证据"供述"指证,就显得很难站住脚。本案的"承包商"在被取保候审之后被撤销了指控,被撤销了之后也改变了"供述",主动出庭作证证明那钱就是工程款,不是"倒账",是被告人借他的钱。所以一审裁判支持了辩护人意见。

本案二审虽然检察官抗诉,但是二审时检察官不想举证,直接发表公诉意见,辩护人也同意,不死磕法庭调查,直接辩论,庭后与法官积极沟通,没有法庭调查,法官只能维持原判。且从本案的证据来看,原判没错,法院维持原判是最好也是唯一的选择。

司马某某故意伤害致人死亡罪案,该案一审不是我代理的,二审接手后,就必须花工夫研究案卷。经过详细研究,我发现判决书的逻辑是:第一个达到现场、手持砖头、站在死者头部位置,就这三个事实认定了"积极参与",进而认定了"主犯"。一审期间被告人积极赔偿,得到了被害人家属的谅解。回到卷宗中,针对这三个点找指控证据有哪些,找相反的证据。用各个击破的方式辩护。首先,第一个达到现场要构成法律上的"积极参与",需要与第二个达到现场有多长的时间间隔呢?前后相差不到一分钟的,算不算构成"积极参与"?卷宗显示,四个人是一起从饭桌起身离开的,同样的都是走着,走到案发的卫生间,被告人与后面第二个人到达现场的时间间隔为半分钟。其次,"手持砖头"的事实存疑。我发现卷宗中其他被告人的供述都没有提到我代理的被告人有手持砖头,反倒是提到了我代理的被告人刚到的时候还拦架。我代理的被告人的供述也存在反复的情况,有说没拿砖头的,有说可能拿了的,有说忘了的……我和法官沟通了这些证据。还有,鉴定意见显示,被害人死于一次重物打击,而这一次重击已经被法院一审认定为引起纠纷先行发生肢体冲突的主犯肯定用砖头打了被害人。所以,我代理的被告人是否手持砖头这个事实都是存在合理怀疑的。至于站在主犯头部的位置,如果倒下之后没有再受重击的话,头在什么位置都不重要。最后,法官也不想开庭审理,法官自己主动提出了说能不能再给被害人增加经济赔偿,二审减两年有期徒刑。

令狐某某贪污、滥用职权案中,通过虚构工程、虚增工程量、虚假发票报销构建"单位小金库",并将钱款用于个人消费。这个结论也是通过琢磨判决书的判决逻辑后,从卷宗里繁杂的事实中提炼出来的。其中,判决逻辑是小金库的钱用于个人消费的就认定了贪污,小金库里剩下的认定了滥用。能够提炼出判决逻辑,就可以很快地找到辩点。如果是将工程款通过上述行为放入小金库,依据最高法的司法解释和相关批复,这个行为仅仅是违纪而没有达到犯罪的程度。只有进一步严格证明了小金库的钱被被告人据为己有,才能构成贪污。只有进一步证明小金库里的钱被违规支出,才能构成滥用,如果只是从公款进入"单位小金库",是不能直接认定构成犯罪的。在指出一审错误的同时,积极提交新证据。针对小金库的钱被用于被告人私车的维修和加油这一指控,找到司机取证以证明存在私车公用的事实,并将证据提交法庭。到这里,本案的二审开庭审理,基本上算是争取下来了。

(二)锁定"辩点"(案眼)——以辩护目标为导向

总结一下第二个注意点,就是以辩护目标为导向锁定辩点。先研究案情,后确定二审的辩护目标是什么?是开庭审理、维持原判、发回重审、改判无罪、改判减低刑期中的哪一个?要根据个案的情形,确定辩护目标。并在此目标之下,有步骤地确定事实上和法律上的"辩点"。

发回重审还是二审改判,需要律师根据个案衡量。一般情况下,我的选择是能发回重审一定在律师意见中申请发回重审。能确定性地谋到一、二审法院直接改判当然是最好的。我会在辩护意见中将发回重审与二审改判都列明,交给二审法院自己衡量。不能放弃申请发回重审是因为这样当事人就又有了两审终审的机会。

四、在一审审理程序和卷宗证据中找辩点

除审判程序中的判决书之外,如何详细阅卷找到判决的证据呢?前面提到了从卷宗中找到指控证据和辩护证据,是找到辩点的关键步骤,但是如何找到呢?

(一)研读审理程序卷

重点关注发问、质证、辩论三个部分,因为二审需要审查法庭审理程序。如果举证质证不充分的话,可能会作为二审开庭的理由。当然,最好一定要提交一份新的证据。有新的证据,法律规定二审就必须开庭审理。

(二)研读证据卷

辩护律师可以沿着判决逻辑寻找:证据—事实;程序问题;法律认定的问题。很多案件的辩点都在实体问题上。因为程序违法的后果是多种多样的,部分证据会被排除,部分证据不会被排除,法律后果有差异,有程序违法但不一定造成据证排除的结果。同时,即便是排除了这个违法证据,还有其他证据。有时候也不影响给被告人定罪。当然,我不否认程序辩护是一种进攻性辩护,是最好的辩护,我本人是研究程序法的,一定是非常同意这个观点的。在这里我是从辩护实践的角度出发,实体辩护往往是法官无法回避的。

欧阳某某诈骗案中,合同、数次提货方式的客观证据显示,多次提货方式都是一致的,卷宗中有一个列表,表上共有被告人五十多次"自提"。证明被害人对于自提这种方式应当明知。证明被害人

知道"自提"的证据是物流单,因为物流单上清楚地显示被害人收到货的物流公司不是合同约定的发货方自己的公司。

总而言之,辩护律师要拿出鸡蛋里挑骨头的精神,找到案卷中的证据,梳理哪些是辩护事实的证据,只有把证据摆在法官面前,才是最有力的辩护武器。

五、二审开庭审理

前面已经讲了开庭审理是二审常见的目标,我总结一下二审开庭审理的辩护要点:

(一)申请开庭

其一,申请的事实与理由要紧扣《刑事诉讼法》第234条规定的二审开庭审理的条件。

其二,向各方提申请。不限于向二审合议庭,也可以向法律监督部门申请。

申请开庭在前文已有论述,在此不展开了。

(二)对审理过程的"掌控"

二审开庭审理过程中,如何把对被告人有利的事实和法律都展示出来。主要注意以下方面:

其一,掌握先发言的优劣势;发言顺序会影响效果,如果是先发言,一定要能预判检控方可能的回应。

其二,控制好审理的法庭调查环节:发问、举证、质证;根据个案中辩护的诉求,决定是否要求法庭全面开展法庭调查。

其三,法庭辩论。

(三)庭后递交书面辩护意见

前文已有论述,在此不展开讲述。

(四)庭后与法官沟通

比如前面提到的,宇文某某职务侵占、挪用单位资金、高利转贷案中,辩护人希望二审法官维持原判。二审开完庭后,我不断和法官沟通,探询法官是否会改判,不停地说服法官:如改判的话,没有经过开庭的充分调查审理,会导致裁判违法……帮助法官确立维持原判的心证。

六、其他与一审无异的辩护技术

二审还有其他辩护技术,一审中需要掌握的辩护技术,二审都应该具备。在此分享的主要是二审辩护不同于一审辩护的技术和方法,二审有其特殊性。

最后,这是北大法宝刑辩一年级的课程,听众可能大部分都是初级律师。罗曼·罗兰有句话我很喜欢,与大家共勉:"世界上只有一种英雄主义,就是在认清生活的真相之后依然热爱生活。"

作为一名刑辩律师,同样也要在认清了司法实践的现状之后依然相信法律、热爱法学。这个社会越来越文明是规律,诉讼形态就是社会文明的标志。即便现在的司法环境还不尽如人意,仍然要作出努力,仍要相信法律、热爱法学。

第十二讲
未成年人犯罪案件辩护的特定问题

赵 恒[*]

近年来,社会对未成年人犯罪现象的关注程度不断提高。特别是,一些媒体曝光的未成年人实施极端恶性犯罪行为的新闻事件,进一步加剧了人们对有效解决未成年人犯罪案件的忧虑。部分影视作品——例如《隐秘的角落》《少年的你》《误杀》《风平浪静》等等——围绕相关主题展开叙事,引发了广泛的社会共鸣。而这也是前述影视作品获得成功的关键之处。正所谓"艺术来源于生活",可以说,这些影视作品所反映的未成年人犯罪治理问题,已经成为一个棘手的社会难题。对此,有观点将其视作世界性的三大难题之一,另外两个是环境污染、毒品。基于本次交流的主题,我们主要探讨《未成年人犯罪案件辩护的特定问题》。概括而言,在介绍何谓刑事法意义的"未成年人犯罪"以及相关诉讼程序之后,我们主要学习三个方面,分别是未成年人犯罪案件的趋势与特征、未成年人犯罪案件辩护的疑难争议、未成年人犯罪案件辩护的若干期待。当然,需要指出的是,关注未成年人犯罪案件辩护,进而关注少年司法保护,应当依托更为宏观的社会背景,只有如此,才能理解未成年人犯罪治理的时代内涵。

---

[*] 山东大学法学院副教授。

一、"未成年人犯罪"的刑事法和相关规范界定

在正式学习未成年人犯罪案件辩护的有关问题之前,首先需要了解刑事法层面的相关规定,主要是《刑法》[①]《刑事诉讼法》。此外,当然也包括《未成年人保护法》等。

《刑法》第17条明确界定了我国刑事责任年龄的"层级"。2020年12月《中华人民共和国刑法修正案(十一)》(以下简称《刑法修正案(十一)》)对刑事责任年龄作出了适当调整。由此,刑事责任年龄的总体框架为:①已满十六周岁的人犯罪,应当负刑事责任。②已满十四周岁不满十六周岁的人,犯故意杀人、故意伤害致人重伤或者死亡、强奸、抢劫、贩卖毒品、放火、爆炸、投放危险物质罪的,应当负刑事责任。③已满十二周岁不满十四周岁的人,犯故意杀人、故意伤害罪,致人死亡或者以特别残忍手段致人重伤造成严重残疾,情节恶劣,经最高人民检察院核准追诉的,应当负刑事责任。④对依照前三款之规定追究刑事责任的不满十八周岁的人,应当从轻或者减轻处罚。⑤因不满十六周岁不予刑事处罚的,责令其父母或者其他监护人加以管教;在必要的时候,依法进行专门矫治教育。可见,为了回应社会关切,我国已针对性地作出规定,在特定情形下,经特别的核准程序,对法定最低刑事责任年龄作个别下调。对于这一立法变化,有观点认为,这是我国正式引入了域外的"恶意补足年龄制度"。

《刑事诉讼法》在第五编"特别程序"专设一章,即第一章"未成

[①] 需要注意的是,2020年12月26日第十三届全国人民代表大会常务委员会第二十四次会议通过《刑法修正案(十一)》。该修正案自2021年3月1日起施行。

年人刑事案件诉讼程序"规定了未成年人犯罪案件办理工作的相关规则及要求。并且,在《刑事诉讼法》的诸多条文中都或多或少地涉及一些特殊的规定,以充分保证未成年犯罪嫌疑人、被告人的诉讼权利和合法权益。总体上,理解未成年人刑事案件的主要诉讼程序,应当把握以下要点:①方针与原则。即对犯罪的未成年人实行教育、感化、挽救的方针,坚持教育为主、惩罚为辅的原则。②专人办理。即人民法院、人民检察院和公安机关办理未成年人刑事案件,应当保障未成年人行使其诉讼权利,保障未成年人得到法律帮助,并由熟悉未成年人身心特点的审判人员、检察人员、侦查人员承办。③专门制度。例如,强制辩护制度、社会调查报告制度、法定代理人到场制度、合适成年人到场制度、附条件不起诉制度、犯罪记录封存制度等。

2021年6月1日施行的《未成年人保护法》由7章扩充至9章,其条文由72条增加到132条。此外,还有非常多的法律、法规涉及本次交流的主题,在此不再展开。

二、未成年人犯罪案件的趋势与特征

本部分主要学习三方面的内容:一是我国刑事案件(刑事犯罪)情况的总体变化,二是未成年人犯罪案件变化情况的若干特点,三是治理未成年人犯罪的动态趋向。之所以在介绍第二方面之前,首先介绍我国刑事犯罪案件的总体情况,原因在于未成年人犯罪案件的变化情况在较大程度上与犯罪案件总体情况保持一致,但同时也存在一些独特之处。因此,必须进行比较分析和探讨。

（一）我国刑事案件变化的总体状况

一方面，根据 2020 年 10 月《最高人民检察院关于人民检察院适用认罪认罚从宽制度情况的报告》的反馈，近 20 年来，刑事案件总量不断增加，检察机关受理审查起诉刑事犯罪从 1999 年 82.4 万人增加到 2019 年 220 万人。[1]

另一方面，根据 2020 年 5 月《最高人民检察院工作报告》的反馈，1999 年至 2019 年，检察机关起诉严重暴力犯罪从 16.2 万人降至 6 万人，年均下降 4.8%。同时，被判处三年有期徒刑以上刑罚的占比从 45.4% 降至 21.3%（见图 12-1）。严重暴力犯罪及重刑率下降，反映了社会治安形势持续好转，人民群众收获实实在在的安全感。[2]

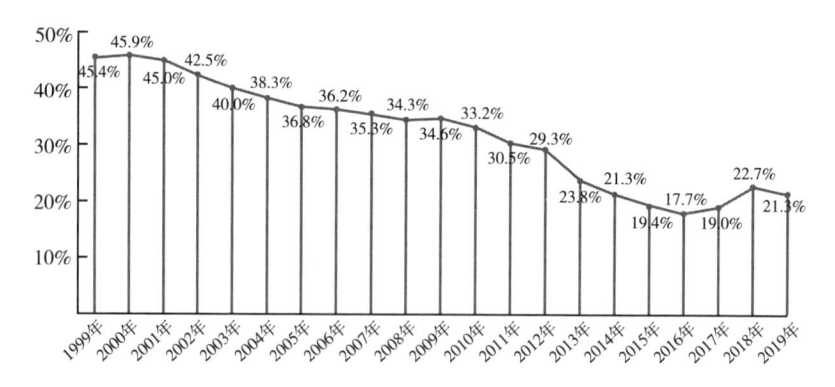

图 12-1　20 年来判处三年有期徒刑以上刑罚比例变化图

---

[1]　参见张军：《最高人民检察院关于人民检察院适用认罪认罚从宽制度情况的报告》，载中华人民共和国最高人民检察院官网（https://www.spp.gov.cn/spp/zdgz/202010/t20201017_482200.shtml），访问时间：2021 年 1 月 3 日。

[2]　数据和图 12-1 来自张军：《最高人民检察院工作报告——2020 年 5 月 25 日在第十三届全国人民代表大会第三次会议上》，载正义网（http://www.jcrb.com/xztpd/ZT2020/202004/2020LH/BGQJD/ZGJBG20/BGQW20/202005/t20200525_2161395.html），访问时间：2021 年 1 月 3 日。

（二）未成年人犯罪案件变化情况的若干特点

关于未成年人犯罪案件的变化情况，以下内容主要结合最高人民检察院于 2020 年 6 月 1 日发布的《未成年人检察工作白皮书（2014—2019）》[①]的相关内容进行分析。

首先，应当指出，近年来，我国未成年人犯罪形势总体趋稳向好，这集中表现在以下方面：①未成年人犯罪数量连续下降趋于平稳后又有所回升（见图 12-2）。②居于前三位的盗窃、抢劫、故意伤害犯罪数量逐年下降，与 2014 年相比，2019 年盗窃犯罪人数减少 36.95%，但仍是占比第一大的犯罪；抢劫、故意伤害犯罪分别减少 61.15%、52.01%，犯罪人数排名也从第二位、第三位降到第四位、第五位。③未成年人涉嫌严重暴力犯罪总体下降趋势明显。2014 年至 2019 年，未成年人涉嫌故意杀人、故意伤害致人重伤或死亡、强奸、抢劫、贩卖毒品、放火、爆炸、投毒等八种严重暴力犯罪，受理审查

图 12-2　2014—2019 年未成年人犯罪情况

---

① 相关内容和图 12-2 至图 12-3，参见《未成年人检察工作白皮书（2014—2019）》，载中华人民共和国最高人民检察院官网（https://www.spp.gov.cn/xwfbh/wsfbt/202006/t20200601_463698.shtml#2），访问时间：2021 年 1 月 3 日。

起诉未成年犯罪嫌疑人数量,除强奸犯罪上升外,其余多发犯罪数量均明显下降。

其次,也应当承认,随着社会发展,未成年人涉嫌犯罪的情况出现一些新现象,这集中表现:①"三回升"现象。即以 2016 年为节点,受理审查起诉聚众斗殴、寻衅滋事、强奸犯罪人数开始逐年上升,2019 年较 2016 年分别上升 92.22%、77.88%、101.85%,聚众斗殴、寻衅滋事犯罪人数排名也分别由第四位、第五位上升到第二位和第三位,强奸罪保持第六位不变(见图 12-3)。②流动未成年人犯罪持续下降后反弹。2014 年,受理审查起诉非本县、非本市、非本省未成年人犯罪人数分别为 29846 人、17889 人、10197 人,此后至 2018 年,三类流动未成年人犯罪人数都在下降,占全部审查起诉未成年人的比例由 74.84% 降至 58.53%,但是,这一比例在 2019 年又上升到 64.48%。

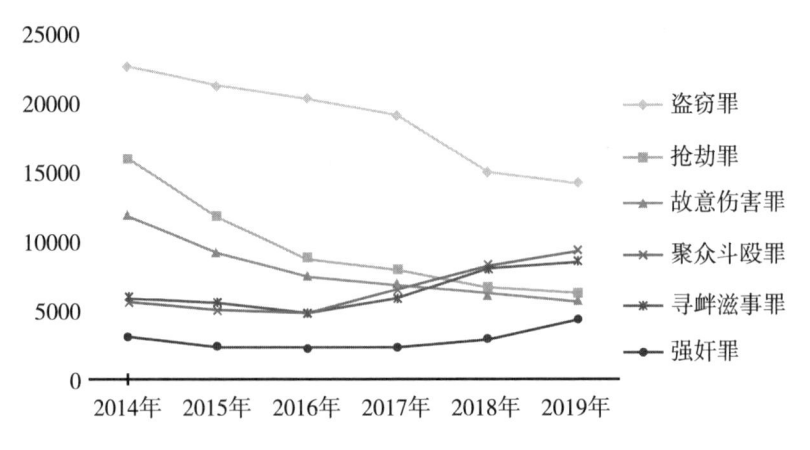

图 12-3 2014—2019 年受理审查起诉未成年人涉嫌主要罪名走势

再次,结合前文提及的刑事案件总体趋势的变化情况,我国对涉罪未成年人坚持落实相关刑事政策,由此产生的结果是被判处三年以下有期徒刑等刑罚未成年人占大多数。例如,2017年至2019年,法院对未成年被告人作出生效判决101601人;其中,三年以下有期徒刑未成年被告人数占生效判决人数的67.65%,拘役、管制、单处罚金人数占16.79%,被判处这四类刑罚人数合计占84.44%。不难看出,在轻缓刑罚的适用方面,未成年人犯罪案件的轻刑率要高于成年人犯罪案件的相关比率。

最后,准确把握未成年人犯罪案件的不捕率、不诉率、附条件不起诉率等若干数据的变化动态。概览之,涉罪未成年人不捕率逐年上升;涉罪未成年人不诉率逐年上升;涉罪未成年人附条件不起诉率逐年上升。当然,具体到某一比率的实际状况,例如,虽然附条件不起诉率呈上升态势,但该制度的适用率仍处于较低水平,这反映出附条件不起诉制度仍有较大的适用空间。

另外,还有一些值得关注的事项,例如涉罪未成年人的文化程度,2014年至2019年,检察机关共受理审查起诉未成年犯罪嫌疑人383414人,其中初中文化程度占大多数;同时自2016年以来,小学以下文化程度人员逐年减少,而高中(技校)及大专以上人员逐渐增多。至于为何要关注这些问题,原因主要有两个方面:一是便于了解未成年人实施违法犯罪行为的深刻缘由,二是有利于帮助律师在确定其与涉罪未成年人进行沟通、解释、提供必要的法律帮助等方面做好心理预期。

通过以上梳理,针对未成年人犯罪案件的若干特点,可以总结以下四个方面的内容:①犯罪案件数量以及犯罪人数总体上呈现逐年下降的趋势;②犯罪案件的类型以侵害财产型犯罪和暴力型犯罪为主;③未成年人犯罪案件的量刑基本上呈现轻刑化的特征;④未成年人共同犯罪或者未成年人与成年人共同犯罪的案件多发。

(三)治理未成年人犯罪的动态趋向

结合前面提到的一些内容,可以发现,未成年人犯罪情况正在出现一些新现象。对此,治理相关犯罪方面的举措也随之变化。例如,成年人拉拢、诱迫未成年人参与黑恶组织犯罪的情况时有发生,在不少案件中,一些未成年人甚至是骨干分子。正是如此,2020年5月《最高人民检察院工作报告》指出,"专门发布检察政策:凡拉拢、诱迫未成年人参与有组织犯罪,一律依法从严追诉、从重提出量刑建议。依法惩治未成年人犯罪,对主观恶性深、犯罪手段残忍、后果严重的决不纵容;未达刑事责任年龄不追诉的,依法送交收容教养或专门学校从严矫治"。

以上法律规范、我国犯罪案件尤其是未成年人犯罪案件的若干情况,可以为我们确定未成年人犯罪辩护策略提供有益启发。

三、未成年人犯罪案件辩护的疑难争议

在这一部分,我们主要概括交流八个方面的内容,分别是未成年人犯罪案件辩护的律师职业伦理,刑事司法改革对未成年人犯罪案件辩护活动的影响,未成年人犯罪案件的认罪认罚从宽制度,未成年人涉嫌共同犯罪的情况,未成年人犯罪案件的有效法律援助、社会调查、附条件不起诉、犯罪记录封存。

(一)未成年人犯罪案件辩护的律师职业伦理

由于律师要为涉罪未成年人提供有效的辩护服务,同时,考虑到近些年来我国未成年人犯罪案件的相关特点,在介绍具体技术规

则之前,我们首先应当学习律师职业伦理的有关内容。因为这直接决定了律师辩护的质量,以及由此产生的社会效果、法律效果。我们必须对此给予足够的重视。实践中发生的一些热点事件,也从侧面反映了律师职业伦理缺失的弊病。在此,以三个典型案例引入对律师职业伦理的介绍。

案例 12-1:李某某等人轮奸案中辩护律师发表不当言论

李某某等人均是未成年人,他们被指控实施了轮奸的犯罪行为。在该案件的审判过程中,某未成年被告人的辩护律师在微博上发表声明。该声明引起了公众的普遍关注。而且,某辩护律师还将其辩护词发布于网络,其内容涉及指责被害人、声称被害人患有妇科疾病、暗示案件办理存在问题等。此外,还有辩护律师在网络上发表各类猜测性言论。

案例 12-2:未成年人涉嫌强奸犯罪案件的"冰释前嫌"新闻事件

在某省某县,当地检察院在媒体上发布一则新闻稿,其题目是《**一初中生一时冲动犯错检察官介入下双方冰释前嫌》。该新闻稿介绍的案件是,某未成年男生涉嫌强奸某未成年女生,承办案件的检察官为了"最大限度地关注未成年嫌疑人的成长",通过开展多方面的工作,最终促成双方父母"冰释前嫌",自愿签订了和解协议书,随后,该县检察院将涉罪未成年人的强制措施由逮捕变更为取保候审。此新闻稿一经发布,便引发了广泛的讨论。

案例 12-3:王某某猥亵女童案中律师发表声明引发争议

一审法院经审理认为,王某某犯猥亵儿童罪,判处有期徒刑五年。王某某的辩护律师随后发表《陈某某律师声明》。由于该声明中的部分内容涉及泄露未成年被害人的信息,这使得人们质疑辩护律师的职业道德操守。

以上三个案例都是近几年备受关注的案件。当然,涉及的具体主题略有不同。案例12-1、12-2主要针对未成年人涉嫌犯罪案件的辩护,案例12-3主要针对被害人是未成年人的犯罪案件的辩护。案例12-1中的律师承受了行业处分等不利后果。案例12-2中虽然以检察机关为视角,但由于未成年人犯罪案件都应当有律师参与,从这一角度看,律师在"冰释前嫌"过程中也发挥了一定的作用。可以说,这几个案件都有类似之处,即律师在为涉罪当事人提供辩护服务时,应当注意言行举止的尺度的问题。其中,比较关键的事项是律师的勤勉义务和保密义务。

对于律师的勤勉义务,应当把握以下要点:

第一,全力维护涉罪未成年人的合法权益。考虑到未成年人的身心特点,律师在依法履行辩护职责的过程中,需要重视与涉罪未成年人的沟通交流,特别是,对涉罪未成年人进行积极引导,听取和尊重未成年人的意见。

第二,尊重涉罪未成年人的主体地位及其意愿。这意味着律师应当在充分阅卷的基础上,根据案件实际情况,从有利于保障未成年人权益的角度确定辩护策略,而不宜过度以"独立辩护人"自居或者过度追求无罪辩护。对此,有一个问题值得我们深入思考和讨论,即在未成年人犯罪案件办理过程中,独立辩护的界限与成年人犯罪案件的独立辩护的界限是否应当有所区别?

第三,为了获取涉罪未成年人的信任,律师还需要与时俱进,根据案件情况了解某些事项,如APP的使用方法等,即通过特定的方式,了解未成年人实施违法犯罪行为的深层诱因。

对于律师的保密义务,应当把握以下要点:

第一,律师应当承担保密义务。保密义务是指,除法律法规或者相关职业伦理规范明确规定,或者当事人明确同意可以披露的信息以外,律师和律师事务所应当依法对其签订委托协议之前、在履行代理职责过程中知悉的国家秘密、商业秘密、个人隐私以及其他信息予以保密,如果律师和律师事务所不当披露上述信息,对有关主体权益造成侵害的,可能需要承担相应的责任。

第二,保密义务的对象范围相当广泛。它不仅包括国家秘密、商业秘密、个人隐私,还包括其他信息和情况;不仅包括接受委托的当事人的相关内容,还包括对方当事人或者其他相关主体的有关内容。特别是,如果受害人是未成年人的案件,律师在尽可能地为当事人争取有利结果的过程中,应当注意其辩护行为的界限和尺度,以防对受害未成年人造成"二次伤害"。

第三,《刑事诉讼法》第48条仅规定了律师无须承担保密义务的例外情形,即辩护律师在执业活动中知悉委托人或者其他人,准备或者正在实施危害国家安全、公共安全以及严重危害他人人身安全的犯罪的,应当及时告知司法机关。除此以外,辩护律师不得以各种理由公开或者透露当事人或者其他主体的相关信息,否则,有违背保密义务之嫌并可能需要承担责任。

(二)刑事司法改革对未成年人犯罪案件辩护活动的影响

当下,我们仍处于第三轮全面深化司法改革过程中。特别是,在以审判为中心的刑事诉讼制度改革背景下,法院、检察院采取了一系列重大改革举措。这些都会直接影响律师辩护活动。在此,我们主要关注以下几个方面的话题。

第一,审判中心主义,即"以审判为中心的刑事诉讼制度改革"。2014年党的十八届四中全会通过的《中共中央关于全面推进依法治国若干重大问题的决定》指出,"推进以审判为中心的诉讼制度改革,确保侦查、审查起诉的案件事实证据经得起法律的检验。全面贯彻证据裁判规则,严格依法收集、固定、保存、审查、运用证据,完善证人、鉴定人出庭制度,保证庭审在查明事实、认定证据、保护诉权、公正裁判中发挥决定性作用"。随后,2016年最高人民法院、最高人民检察院、公安部、国家安全部、司法部联合印发《关于推进以审判为中心的刑事诉讼制度改革的意见》,并辅之以各种相关改革方案。在这一重大改革背景下,辩护律师应当采取各种有效辩护策略,为涉罪未成年人争取最有利的处罚结果。当然,也要根据实际情况,及时调整辩护思路。

第二,检察体制改革,主要包括捕诉一体化、内设机构改革等等。近几年来,最高人民检察院接连采取多个有力的改革举措,推动检察职能的深化拓展。所谓捕诉一体化,是指要求同一案件由同一办案组或检察官负责到底,即"谁批捕、谁起诉",而不是采取过去的负责批捕的部门和负责起诉的部门分离的做法。特别是随着检察机关提前介入等制度的适用,捕诉一体在节约司法资源、防止捕诉脱节、及时引导侦查取证、落实司法责任制等方面发挥着不可替代的作用。所谓内设机构改革,是指在2018年12月4日经中央批准的《最高人民检察院职能配置、内设机构和人员编制规定》的基础上,检察机关"四大检察"(刑事、民事、行政、公益诉讼)法律监督新格局和"十大业务"板块正式确立,由此实现了检察职能的重塑性变革。

总体而言,受诸如此类的改革方案的影响,律师在开展有关辩护活动时,应当注意辩护有效性的两个维度:其一是通过辩护推进庭审实质化,即注重庭审辩护的质效;其二是在审前阶段推进辩护前置化,即注重积极与检察机关、公安机关沟通,尽可能地在审前阶段为涉罪未成年人争取有利结果,如不被羁押、不起诉、认罪认罚等,而非将所有重心置于审判阶段。

(三)未成年人犯罪案件的认罪认罚从宽制度

2018年《刑事诉讼法》增设的认罪认罚从宽制度同样适用于未成年人犯罪案件办理。根据2020年10月《最高人民检察院关于人民检察院适用认罪认罚从宽制度情况的报告》的反馈:"……2019年1月至今年8月……全国检察机关在依法严惩严重刑事犯罪的同时,适用认罪认罚从宽制度办结案件1416417件1855113人,人数占同期办结刑事犯罪总数的61.3%……"同时,"对轻罪案件特别是因民间纠纷引发的轻微刑事案件,尽量依法从简从快从宽处理。对……未成年犯,一般应当体现从宽,今年以来未成年人犯罪案件适用率为88.4%"[①]。比较可见,在未成年人犯罪治理领域,认罪认罚从宽制度的适用率明显高于平均适用率。对此,辩护律师应当充分利用这一制度来展开辩护活动。关于未成年人犯罪案件认罪认罚从宽制度的相关内容比较丰富,在此仅就以下三个问题进行分析。

第一,涉罪未成年人认罪认罚的成立标准。尽管《刑事诉讼法》第15条已作出规定,但实际上,关于认罪认罚的成立标准尤其是自

---

① 参见张军:《最高人民检察院关于人民检察院适用认罪认罚从宽制度情况的报告》,载中华人民共和国最高人民检察院官网(https://www.spp.gov.cn/spp/zdgz/202010/t20201017_482200.shtml),访问时间:2021年1月3日。

愿性的判断标准,目前法学理论界和实务界的分歧仍然较大。实践中,不少地方办案单位虽然主张犯罪嫌疑人构成认罪认罚的标准是仅需要承认事实,甚至不需要承认是犯罪,但问题是,当地的认罪认罚具结书却要求犯罪嫌疑人接受指控的犯罪事实、罪名以及量刑建议(甚至是确定刑量刑建议)。在未成年人理解和判断能力有限的客观状况下,上述做法直接适用于未成年人犯罪案件是否妥当?这是值得怀疑的。

第二,不必须签署具结书。依据《刑事诉讼法》第174条第2款的规定:"犯罪嫌疑人认罪认罚,有下列情形之一的,不需要签署认罪认罚具结书:……(二)未成年犯罪嫌疑人的法定代理人、辩护人对未成年人认罪认罚有异议的……"这一条文实际上突出了涉罪未成年人认罪认罚的主体地位,也表明国家希望尽可能引导涉罪未成年人悔罪并给予从宽处罚的立法期待。涉罪未成年人认罪认罚的,可以签署具结书,也可以不签署具结书。其中,不需要签署的情形是涉罪未成年人的法定代理人、辩护人对其认罪认罚有异议。但应当注意的是,未成年犯罪嫌疑人签署认罪认罚具结书时,其法定代理人应当到场并签字确认。法定代理人无法到场的,合适成年人应当到场签字确认。法定代理人、辩护人对未成年人认罪认罚有异议的,不需要签署认罪认罚具结书。

第三,诉讼程序的限制,即不得适用速裁程序。《刑事诉讼法》第223条规定:"有下列情形之一的,不适用速裁程序:……(二)被告人是未成年人的;……"之所以作此规定,是因为速裁程序会简化乃至省略法庭调查、法庭辩论等审判环节,这种高度简化的审判程序不利于对涉罪未成年人进行教育、矫正、感化。当然,考虑到涉罪未成年人的认罪悔罪态度和认罚情况,即使不适用速裁程序,办案机关也应当贯彻教育、感化、挽救的方针,坚持从快从宽原则,确保案件及时办理,最大限度保护未成年人合法权益。

(四)未成年人犯罪案件的有效法律援助

在我国,只要是未成年人涉嫌犯罪的刑事案件,办案机关应当依法为其提供法律援助制度。目前来看,我国未成年人犯罪案件法律援助制度仍然存在不少问题,当然,这些问题在较大程度上也是一般的法律援助制度的共性问题。概括来说,未成年人犯罪案件法律援助制度的特点包括:第一,法律援助律师提供辩护的占比例较大。第二,法律援助效果并不理想,尤其是缺少专门办理未成年人刑事案件的法律援助工作律师。第三,在部分未成年人犯罪案件的法律援助过程中,存在办案机关(尤其是公安机关)未能及时通知法律援助机构指派法律援助律师的情况。第四,辩护尤其是法律援助辩护的形式化特征比较明显。

(五)未成年人涉嫌共同犯罪的情况

正如前面提及的,近年来,我国未成年人涉嫌实施共同犯罪案件的数量呈现较明显的增长趋势。这实际上是一个新的未成年人犯罪现象。特别是一些较为严重的恶性犯罪案件中也常见未成年人的身影。例如,涉黑涉恶犯罪案件、网络电信诈骗案件,都有未成年人参与甚至发挥骨干作用。这是值得重点关注的问题。对于未成年人犯罪案件的辩护而言,律师在确定辩护思路和明确辩护意见时,需要格外注意未成年人在共同犯罪案件中的作用,明确未成年人的刑事责任。

（六）未成年人犯罪案件的社会调查制度

未成年人犯罪案件的社会调查制度，是指公安机关、人民检察院、人民法院办理未成年人刑事案件，根据情况可以对未成年犯罪嫌疑人、被告人的成长经历、犯罪原因、监护教育等情况进行调查。这一制度规定于《刑事诉讼法》第 279 条，是 2012 年全国人大修订《刑事诉讼法》时新增的特殊制度。

实践反馈的情况是，未成年人涉嫌犯罪的一个重要致因是，随着社会转型与城市化发展，相当数量的留守儿童成为犯罪加害人或者被害人。甚至出现了从被害人转变为加害人的现象。因此，辩护律师应当重视社会调查制度的法治意义，从未成年人实施犯罪的家庭、学校等因素层面确定辩护意见。

（七）未成年人犯罪案件的附条件不起诉制度

附条件不起诉制度是 2012 年全国人大修订《刑事诉讼法》时新增的制度类型。根据《刑事诉讼法》第 282 条第 1 款的规定："对于未成年人涉嫌刑法分则第四章、第五章、第六章规定的犯罪，可能判处一年有期徒刑以下刑罚，符合起诉条件，但有悔罪表现的，人民检察院可以作出附条件不起诉的决定……"结合前面数据反馈，目前在实务中，未成年人犯罪案件附条件不起诉制度的适用率虽然在增长，但总体上仍处于偏低的状态。造成这一状况的原因是多方面的，例如制度设计，因为该制度的刑罚适用范围相对狭窄，必须满足"涉嫌刑法分则第四章、第五章、第六章规定的犯罪""可能判处一年有期徒刑以下刑罚"等法定条件，实践中，未成年人实施犯罪活动的刑罚情况，尤其是在涉黑涉恶、网络犯罪等共同犯罪案件中,未成年人可能被判处的刑罚直接超过一年有期徒刑,这都会直接突破附条件不起诉制度的适用界限。近年来,检察机关为了提高附条件不起诉的适用率,已经采取了多种富有成效的改革举措。例如,部分地区探索听证制度,尽可能地为涉罪未成年人适用附条件不起诉制度。对此,辩护律师也需要及时关注并主动与办案机关进行沟通,论证和探讨附条件不起诉制度的可行性。

(八)未成年人犯罪案件的犯罪记录封存制度

犯罪记录封存制度同样是2012年全国人大修订《刑事诉讼法》时增设的新制度。依据《刑事诉讼法》第286条第1款的规定,"犯罪的时候不满十八周岁,被判处五年有期徒刑以下刑罚的,应当对相关犯罪记录予以封存"。对于被封存的犯罪记录,办案机关不得向任何单位和个人提供,但也有例外,即司法机关为办案需要或者有关单位根据国家规定进行查询的除外。应当注意的是,依法进行查询的单位,应当对被封存的犯罪记录的情况予以保密。

在此需要说明的是,我国的犯罪记录封存制度与域外的犯罪记录消灭制度之间还是存在一些区别的。犯罪记录封存制度只是要求办案机关封存犯罪记录,而有关机关可以根据特殊需要进行查询;犯罪记录消灭制度则意味着在满足特定条件的情形下,消灭刑罚记录,原先被定罪量刑的人因此成为没有犯罪记录的公民。

四、未成年人犯罪案件辩护的若干期待

对于未成年人犯罪案件的辩护活动,律师应当不仅局限于个案

的辩护,也需要关注一些重要问题。在此仅举几例。

(一)充分认识未成年人犯罪案件辩护的国家治理意义

一方面,未成年人健康成长对于国家长久发展的重要性不言而喻;但另一方面,未成年人犯罪治理显然已经成为公认的社会治理难题。挽救涉罪未成年人,是关乎社会和谐稳定与国家长治久安的大事。在国家治理现代化的时代背景下,律师参与未成年人犯罪案件辩护活动,应当充分认识辩护的国家治理意义——辩护既是对涉罪未成年人个体的保护,也是从法治层面对未成年人群体的保障。

因此,在国家层面,仅就司法活动而言,需要充分发挥司法机关职能,健全未成年人全面综合司法保护体系。同时,推进未成年人保护社会治理现代化,才能推动建立未成年人权益保护和涉未成年人犯罪预防长效机制。在这一过程中,律师必须积极参与其中,并发挥不可替代的作用。

(二)律师与司法机关、政府执法部门等单位的良性合作

尽管对于涉罪未成年人及其辩护律师而言,国家公权力机关处于追诉和惩罚的地位。特别是,控辩双方之间确实存在明显的对抗与冲突关系。但这不是绝对的,律师也不宜夸大这种对抗性、冲突性。毕竟,在未成年人犯罪案件办理领域,司法机关、公安机关和其他执法部门严格贯彻"教育为主、惩罚为辅"的原则,在这一方面,辩护律师与公安司法机关的立场具有一致性。尤其是在宽严相济刑事政策的指引下,随着认罪认罚从宽制度的广泛适用,律师需要积极寻求与国家公权力机关进行合作,而非一味对立

或者排斥,注重及时沟通,共同达成尽可能保障涉罪未成年人合法权益的目标。

(三)律师勤勉履行辩护职责但也需保障被害人权益

考虑到未成年人的成长特点,加之近年来未成年人犯罪的实际情况,在某些犯罪案件中,加害人和受害人都是未成年人的案件并不在少数。此外,根据最高人民检察院发布的《未成年人检察工作白皮书(2014—2019)》的反馈,侵害未成年人犯罪数量连续上升,侵害未成年人犯罪暴力化特点愈发突显。[1] 在此背景下,结合前文所述的律师职业伦理问题,在未成年人犯罪案件履行辩护职责的过程中,律师应当勤勉尽责,尽可能地为涉罪未成年人争取最有利的案件处置结果,同时,也应当注重辩护策略的附带后果,特别是尽量减少某些辩护活动对被害人尤其是未成年被害人的"二次伤害"。为此,我们不宜以"律师只需为当事人负责"为由,任意采取某些对被害人造成严重伤害的辩护策略。

最后,简单回顾本讲的内容,包括规范介绍和三大主题讨论。其中,"规范介绍"主要是帮助大家了解《刑法》《刑事诉讼法》《未成年人保护法》等法律的规定以及最新的变化。第一大主题是,帮助大家对未成年人犯罪案件的总体情况有比较清晰的了解,其中涉及"三直降三回升"等内容。目前,未成年人犯罪案件轻刑率比较明显,但也产生了一些值得重点关注的新问题。第二大主题是,对未成年人犯罪案件的辩护职业伦理以及若干制度(包括认罪认罚从宽

---

[1] 参见《未成年人检察工作白皮书(2014—2019)》,载中华人民共和国最高人民检察院官网(https://www.spp.gov.cn/xwfbh/wsfbt/202006/t20200601_463698.shtml#2),访问时间:2021年1月3日。

制度、强制辩护制度、社会调查报告制度等等)进行初步介绍,便于大家对相关话题有较为概括的认识。第三大主题是,对未成年人犯罪案件的辩护活动的期待或者展望,希望有益于在理念层面规范辩护活动,发挥辩护的国家治理功效。

第十三讲
当事人和解在辩护中的运用

高　通[*]

当事人和解是刑事诉讼中的一个常见现象,其对强制措施的适用以及定罪量刑等有着重要影响,也是律师辩护的几个关键着力点之一。所以,利用好当事人和解这个点对于获得良好的辩护效果是大有裨益的。但当事人和解又是一个实务性、综合性特别强的话题,这里面不仅涉及刑法、刑事诉讼法的规定,还涉及心理学、谈判学等复合知识以及职业经验的运用。如在什么情形下,当事人和解对当事人更为有利,当事人和解对定罪量刑到底能产生多少影响?本次讲座我将从当事人和解的构成要件、其对定罪量刑以及强制措施的意义,以及当事人和解在辩护中的具体适用等方面展开讲授。

一、当事人和解的构成要件

(一)当事人和解的概念与发展

首先,我们是在何种意义上谈当事人和解,当事人和解与刑事和解、赔偿谅解等关系是什么样子的。2012年《刑事诉讼法》规定了公诉案件中当事人和解程序,也有人将其称之为"刑事和解"。虽然当事人和解程序在2012年确立,但当事人和解却并非源自此处,刑

---
[*] 南开大学法学院教授。

事案件中大量充斥着当事人和解,如赔偿谅解,当事人和解也不受当事人和解程序规定的适用案件种类限制。所以,当事人和解与当事人和解程序并非同一个概念,其在概念上更类似于获得被害人谅解。获得被害人谅解作为一个量刑情节,在所有刑事案件中均可能会出现。

其次,当事人和解在我国立法、司法中的确立是非常早的。我查到的比较早规定谅解的司法文件是1951年《最高人民法院对广西省人民法院所编"人民司法参考资料"(第四辑)有关婚姻、通奸、强奸等问题提出意见的函》。其中指出,"……强奸者'如所犯情有可原,为群众谅解者'即可处以较轻之刑"。1999年《全国法院维护农村稳定刑事审判工作座谈会纪要》对此也有规定,"对利用手中掌握的权力欺压百姓、胡作非为,严重损害群众和集体利益,构成犯罪的,要依法严惩;对只是因工作方法简单粗暴构成犯罪的,要做好工作,取得群众谅解后,酌情予以处理"。

最后,随着宽严相济刑事司法政策的提出,当事人和解在我国刑事司法实践中快速发展起来。宽严相济刑事政策是我国的基本刑事政策,贯穿于刑事立法、刑事司法和刑罚执行的全过程,是惩办与宽大相结合政策在新时期的继承、发展和完善,是司法机关惩罚犯罪、预防犯罪、保护人民、保障人权、正确实施国家法律的指南。2006年10月召开的十六届六中全会通过了《中共中央关于构建社会主义和谐社会若干重大问题的决定》,其中明确要求:"实施宽严相济的刑事司法政策,改革未成年人司法制度,积极推行社区矫正。"2007年公布的《最高人民检察院关于在检察工作中贯彻宽严相济刑事司法政策的若干意见》和2010年《最高人民法院关于贯彻宽严相济刑事政策的若干意见》规定了当事人和解的适用。

（二）当事人和解的构成要件

当事人和解的达成通常需要满足如下几个条件：

第一，案件中存在具体的被害人，一般多见于故意伤害、杀人、交通肇事、抢劫、盗窃、诈骗等侵犯人身权利、财产权利的犯罪中。

第二，真诚悔罪。真诚悔罪是当事人达成和解的核心要件，实践中当事人达成和解可能基于真诚悔罪，也可能会基于其他原因。当然，不同原因造成的被害人谅解，其对定罪量刑的影响存在显著不同。真诚悔罪也需要以一定形式表现出来，如通过赔偿损失、赔礼道歉或其他方式。

第三，获得被害人或其家属的谅解。获得被害人或其家属的谅解，通常需要出具谅解书。谅解书的内容主要是赔偿方式、悔罪形式等。实践中有时还会出现"请求免除刑罚或不予追究刑事责任的谅解书"，这类谅解书中涉及刑事责任有无的部分对公安司法机关并无约束力。

（三）当事人和解对刑事诉讼的影响

当事人和解在刑事诉讼中发挥着重要的作用，其作用领域涉及定罪、量刑、刑罚执行以及刑事诉讼程序适用等诸多方面。

第一，当事人和解对定罪产生影响，如对于获得被害人谅解的轻微刑事案件，检察机关可以不起诉；还有一种是公安机关直接不做刑事立案或立案后撤销案件，虽然这种处理方式在法律上有问题，但实践中的确是大量使用。

第二，当事人和解对量刑产生影响。

第三，当事人和解对刑罚执行方式会产生影响，这主要体现在缓刑适用上。

第四,当事人和解会对刑事诉讼程序的适用产生影响,如当事人和解程序、非羁押性强制措施、认罪认罚从宽制度等。

二、当事人和解对定罪量刑及刑事诉讼程序的影响

(一)当事人和解对定罪的影响

当事人和解对定罪的影响主要可通过不起诉、免予刑事处罚等方式来实现。如《最高人民检察院关于在检察工作中贯彻宽严相济刑事司法政策的若干意见》第 12 条规定:"……对于轻微刑事案件中犯罪嫌疑人认罪悔过、赔礼道歉、积极赔偿损失并得到被害人谅解或者双方达成和解并切实履行,社会危害性不大的,可以依法不予逮捕或者不起诉……"2019 年《关于适用认罪认罚从宽制度的指导意见》第 8 条第 2 款:"……对其中犯罪情节轻微不需要判处刑罚的,可以依法作出不起诉决定或者判决免予刑事处罚。"

案例 13-1:马某甲、马某乙故意伤害案[①]

2017 年 8 月 23 日 22 时许,被不起诉人马某甲、马某乙父子与邻居白某某因琐事发生口角,继而发生厮打,致使被害人白某某腰部受伤。经平遥县公安司法鉴定中心、晋中市公安司法鉴定中心鉴定被害人白某某之损伤构成轻伤二级。

检察院认为,被不起诉人马某甲、马某乙实施了《刑法》第 234 条之规定的行为,但犯罪情节轻微,属于当事人和解的刑事案件,且被不起诉人马某甲、马某乙自愿认罪认罚,根据《刑法》第 37 条的规

---

① 平遥县人民检察院平检一刑不诉〔2020〕9 号不起诉决定书。

定,不需要判处刑罚。依据《刑事诉讼法》第 177 条第 2 款的规定,决定对马某甲、马某乙不起诉。

所以对马某甲、马某乙不起诉,是一种轻罪化处理,因为他们符合犯罪情节轻微、与被害人达成和解、自愿认罪认罚这三个条件。

此外,当事人和解也会影响到刑事立案,公安机关可通过不立案、撤销案件等方式来实现当事人和解对定罪的影响机制。如有实证研究发现,2013 年,某区公安机关对于达成和解的刑事案件中,作出不立案处理的占 8.9%,作出撤销案件处理的占 62.70%,向检察机关移送审查起诉并提出从宽建议的占 28.40%。对于轻微刑事案件中有 70% 的案件在立案阶段就完结。[①]

(二)当事人和解对量刑的影响

当事人和解对量刑的影响的主要依据是《关于常见犯罪的量刑指导意见(试行)》"三、常见量刑情节的适用"第 11 条和第 12 条的规定。对于积极赔偿被害人经济损失并取得谅解的,综合考虑犯罪性质、赔偿数额、赔偿能力以及认罪、悔罪程度等情况,可以减少基准刑的 40% 以下;积极赔偿但没有取得谅解的,可以减少基准刑的 30% 以下;尽管没有赔偿,但取得谅解的,比如亲戚之间的案件、互殴案件,可以减少基准刑的 20% 以下。其中抢劫、强奸等严重危害社会治安犯罪的,应从严掌握。对于当事人根据《刑事诉讼法》第 288 条达成刑事和解协议的,综合考虑犯罪性质、赔偿数额、赔礼道歉以及真诚悔罪等情况,可以减少基准刑的 50% 以下;犯罪较轻的,可以减少基准刑的 50% 以上或者依法免除处罚。

---

① 参见徐启明、孔祥参:《公安机关刑事和解实证研究——以广东公安机关刑事和解实践为样本》,载《中国人民公安大学学报(社会科学版)》2014 年第 2 期,第 47 页。

其中对于积极赔偿的判断条件主要是赔偿时间、是否实际履行赔偿、赔偿数额能否涵盖被害人的损失。犯罪嫌疑人、被告人预缴赔偿款通常也被认为达到了积极赔偿的要求。

随着认罪认罚从宽制度的开展,当事人和解对量刑的影响也会通过影响认罪认罚从宽制度来实现。当事人是否和解并非认罪认罚的前提,但当事人和解却可以影响认罪认罚之后从宽的幅度。如根据《关于适用认罪认罚从宽制度的指导意见》第16条、第18条的规定,办理认罪认罚案件,应当听取被害人及其诉讼代理人的意见,并将犯罪嫌疑人、被告人是否与被害方达成和解协议、调解协议或者赔偿被害方损失,取得被害方谅解,作为从宽处罚的重要考虑因素。犯罪嫌疑人、被告人认罪认罚,但没有退赃退赔、赔偿损失,未能与被害方达成调解或者和解协议的,从宽时应当予以酌减。犯罪嫌疑人、被告人自愿认罪并且愿意积极赔偿损失,但由于被害方赔偿请求明显不合理,未能达成调解或者和解协议的,一般不影响对犯罪嫌疑人、被告人从宽处理。对于比较恶劣的情况,如强奸、抢劫等,对于和解后的从宽处理要予以严格把控。

案例13-2:梁某某、冉某某寻衅滋事案①

2015年12月17日15时许,因卖菜摊位之争,被害人牛某宁、牛某君兄妹与卖麻山药的一名男子发生争执。该男子后将犯罪嫌疑人梁某某、冉某某二人叫到现场助威。双方被人劝开后,梁某某再次纠集冉某某来到卖菜摊处,持砍刀、棍棒对牛某

---

① 参见《河北省政府新闻办"河北省检察机关适用认罪认罚从宽制度情况"新闻发布会文字实录》,载搜狐网(https://www.sohu.com/a/706765244_121687424),访问时间:2020年12月7日。

宁、牛某君二人进行殴打，并将牛某宁的电动双排货车砸坏。经鉴定，被害人牛某君属轻伤一级；被砸货车损毁价值1986元。2015年12月30日，献县公安局以寻衅滋事罪进行立案侦查；2017年6月27日，梁某某被法院以寻衅滋事罪判处有期徒刑一年十个月，同案犯冉某某在逃。

2019年5月10日，冉某某到公安机关投案，但拒不如实供认犯罪事实。案件起诉到献县人民检察院后，案件承办检察官积极发挥主导作用，促使犯罪嫌疑人冉某某幡然悔悟，赔礼道歉，取得被害人谅解。法院以寻衅滋事罪判处冉某某有期徒刑一年三个月。①

我之前曾做过一个关于赔偿谅解与量刑的实证研究，通过实证研究发现赔偿谅解影响量刑的机制如下：第一，赔偿谅解与否对主刑量刑产生重大影响（详见下表13-1）。第二，赔偿谅解对主刑量刑结果的影响要高于大部分法定量刑情节对主刑量刑结果的影响。如"致人轻伤"案件中的前七名是赔偿、轻伤程度、被害人人数、伤残情况、谅解、被害人过错、自首；"致人重伤"案件中的前七名是谅解、自首、从犯、手段残忍、赔偿、伤残情况、重伤程度；"致人死亡"案件中的前七名是防卫过当、谅解、因果关系、从犯、赔偿、被害人过错、自首。第三，随着案件严重程度的增加，赔偿对主刑量刑结果的影响作用相对下降，而谅解对主刑量刑结果的影响作用在上升。所以在重罪案件中，同样情况下，只有赔偿时的量刑结果会重于只有谅解时的量刑结果。②

---

① 参见《河北省政府新闻办"河北省检察机关适用认罪认罚从宽制度情况"新闻发布会文字实录》，载搜狐网（https://www.sohu.com/a/363162975_120333600），访问时间：2020年12月7日。

② 参见高通：《故意伤害案件中赔偿影响量刑的机制》，载《法学研究》2020年第1期，第158—159页。

表 13-1　赔偿谅解与主刑量刑

案件类型	赔偿谅解情况	主刑平均值(月)	比未赔偿未谅解的主刑
致人轻伤	赔偿且谅解	9.15	41.7%
	未赔偿但谅解	10.8	31.3%
	赔偿未谅解	10.52	33.0%
	未赔偿未谅解	15.71	—
致人重伤	赔偿且谅解	32.99	35.8%
	未赔偿但谅解	39.9	22.4%
	赔偿未谅解	45.3	11.9%
	未赔偿未谅解	51.4	—
致人死亡	赔偿且谅解	109.8	45.9%
	未赔偿但谅解	139.9	31.0%
	赔偿未谅解	160.0	21.1%
	未赔偿未谅解	202.8	—

(三)当事人和解对缓刑适用的影响

当事人和解对缓刑适用也存在着重要影响。《最高人民法院关于贯彻宽严相济刑事政策的若干意见》第14条规定,对于情节较轻、社会危害性较小的犯罪,或者罪行虽然严重,但具有法定、酌定从宽处罚情节,以及主观恶性相对较小、人身危险性不大的被告人……对于依法可不监禁的,尽量适用缓刑或者判处管制、单处罚金等非监禁刑。

根据此前的实证研究,在判处三年以下有期徒刑的故意伤害案件中,"致人轻伤"案件中积极赔偿、部分赔偿和未赔偿情形下的缓刑适用率分别为68.1%、25%和8.46%,"致人重伤"案件中积极赔偿、部分赔偿和未赔偿情形下的缓刑适用率分别为80.95%、28.21%

和 13.51%。

当事人和解对缓刑适用的影响机制主要如下：第一，法院在犯罪严重程度不同的案件中决定是否适用缓刑的考量因素并不完全相同，但赔偿、谅解对是否适用缓刑的影响力远超其他量刑情节。第二，赔偿在"致人轻伤"案件中对缓刑适用影响显著，但在"致人重伤"案件中对缓刑适用的影响则不显著。第三，随着案件严重程度的增加，谅解对缓刑适用发挥更大的作用。如致人轻伤案件中，谅解的 Exp(B)值为 5.420，提示当出现谅解时，法院决定适用缓刑的概率是比没有这一情节时概率的 5.420 倍；而致人重伤案件中谅解的 Exp(B)值为 26.606，意味着存在谅解时的缓刑适用率是没有谅解时的 26.606 倍。[1]

（四）当事人和解对刑事诉讼程序的影响

第一，当事人和解对刑事强制措施适用的影响。《人民检察院刑事诉讼规则》第 140 条："犯罪嫌疑人涉嫌的罪行较轻，且没有其他重大犯罪嫌疑，具有下列情形之一的，可以作出不批准逮捕或者不予逮捕的决定：……（二）主观恶性较小的初犯，共同犯罪中的从犯、胁从犯，犯罪后自首、有立功表现或者积极退赃、赔偿损失、确有悔改表现的……（四）犯罪嫌疑人与被害人双方根据刑事诉讼法的有关规定达成和解协议，经审查，认为和解系自愿、合法且已经履行或者提供担保的……"《关于适用认罪认罚从宽制度的指导意见》第 20 条规定："……犯罪嫌疑人认罪认罚，公安机关认为罪行较轻、没有社会危险性的，应当不再提请人民检察院审查逮捕……"我在分

---

[1] 参见高通：《故意伤害案件中赔偿影响量刑的机制》，载《法学研究》2020 年第 1 期，第 160—162 页。

析全国2017年和2018年、2019年两千多份故意伤害致人轻伤的刑事裁判文书后发现,赔偿且谅解情形下侦查阶段被逮捕的比例为24.7%,而未赔偿也未谅解情形下侦查阶段被逮捕的比例达到66.1%。再如,没有获得谅解的样本有440个,但出现逮捕变更的只有11个,占2.5%;而获得谅解的398个样本中,逮捕变更的样本量有109个,占21.5%。① 所以是否获得谅解是逮捕变更的重要考量因素。

第二,当事人和解的公诉程序。犯罪嫌疑人、被告人真诚悔罪,通过向被害人赔偿损失、赔礼道歉等方式获得被害人谅解,被害人自愿和解的,双方当事人可以和解:①因民间纠纷引起,涉嫌刑法分则第四章、第五章规定的犯罪案件,可能判处三年有期徒刑以下刑罚的;②除渎职犯罪以外的可能判处七年有期徒刑以下刑罚的过失犯罪案件。犯罪嫌疑人、被告人在五年以内曾经故意犯罪的,不适用当事人和解的程序。

三、当事人和解在辩护中的适用

(一)赔偿是获得被害人谅解的关键

当事人和解需要以犯罪嫌疑人、被告人真诚悔罪为前提,真诚悔罪虽然可以有赔偿损失、赔礼道歉等多种表现形式,但赔偿无疑是获得被害人谅解最为关键的要素。如我在分析将近3000份故意伤害犯罪刑事裁判文书后发现,致人轻伤案件中,达到谅解条件时:

---

① 参见高通:《轻罪案件中的逮捕社会危险性条件研究——以故意伤害罪为例》,载《政法论坛》2021年第2期,第79、82页。

积极赔偿(98.7%),部分赔偿(0.5%),未赔偿(0.8%);致人重伤案件中,达到谅解条件时:积极赔偿(97.9%),部分赔偿(1.4%),未赔偿(0.7%);致人死亡案件中,达到谅解条件时:积极赔偿(93.8%),部分赔偿(1.3%),未赔偿(4.9%)。

《最高人民法院关于常见犯罪的量刑指导意见》(已失效)还要求赔偿时间、赔偿能力、赔偿意愿、赔偿的比例等也应被纳入到赔偿因素中予以考虑。但从实践来看,这些赔偿要素对获得被害人谅解以及量刑影响较小。第一,单纯的赔偿意愿对量刑影响不显著,法院更关注被告人是否切实进行赔偿,并将其作为一项重要的量刑因素。《人民检察院刑事诉讼规则》第499条规定:"和解协议书约定的赔偿损失内容,应当在双方签署协议后立即履行,至迟在人民检察院作出从宽处理的决定前履行……"第二,赔偿时间对主刑影响不显著,较早的赔偿并不能带来更多的主刑量刑减免,但较早时间的赔偿可大幅提高非羁押性强制措施和缓刑的适用比率。如侦查阶段赔偿后的羁押率比审判阶段赔偿的羁押率,平均低15%~20%。[①] 第三,赔偿数额及比例、赔偿能力在一定程度上也会影响到量刑,比如是否完全覆盖被害人的损失,并非简单的"花钱买刑"。

(二)合理促使犯罪嫌疑人、被告人与被害人达成理性和解

既然赔偿是获得被害人谅解的关键要素,犯罪嫌疑人、被告人要想达成和解就需要支付一定的赔偿金。那么,赔偿金的形成机制是什么样的呢?

通过实证研究发现,实践中当事人达成和解时,其赔偿数额多

[①] 参见高通:《故意伤害案件中赔偿影响量刑的机制》,载《法学研究》2020年第1期,第165页。

少会受到如下几个因素的影响,赔偿数额形成机制兼具理性与非理性双重特征。第一,犯罪严重程度对谅解时的赔偿数额有显著影响。致人轻伤案件中,谅解时每位被害人获得赔偿数额的中位数为50000元,而且75%的案件中赔偿数额在76000元以下;致人重伤案件中,谅解时每位被害人获得赔偿数额的中位数为100000元,75%的案件中赔偿数额在183897元以下;致人死亡案件中,谅解时每位被害人获得赔偿数额的中位数为210000元,75%的案件中赔偿数额在400000元以下。谅解时的赔偿数额并不高于民事侵权案件中的赔偿数额。若2010年一名60岁以下的厦门城镇居民因交通事故死亡,那么该案的死亡赔偿金为522620元;若被害人是农村居民,其死亡赔偿金也有183060元。第二,被告人所在地区、经济身份等经济要素对谅解时的赔偿数额具有显著影响。越发达的地区,谅解后的赔偿数额也越高;被告人具有较高的经济收入或社会地位时,谅解后的赔偿数额通常也较高。第三,谅解后赔偿数额通常不会受到因果关系、防卫过当、被害人过错等情节的影响。第四,赔偿时间仅在致人死亡案件中对谅解时的赔偿数额存在显著影响,在致人轻伤和致人重伤案件中则不存在显著影响。通常来说,赔偿时间越晚,赔偿数额越少。第五,当事人能力会影响到谅解时的数额。如谅解时赔偿数额的确定可能会受到当事人的意愿、有无第三人调解以及当事人知识结构等因素的影响。①

此外,为了限制赔偿对量刑的过度影响,《关于适用认罪认罚从宽制度的指导意见》第18条规定:"……犯罪嫌疑人、被告人认罪认罚,但没有退赃退赔、赔偿损失,未能与被害方达成调解或者和解协

---

① 参见高通:《故意伤害案件中赔偿影响量刑的机制》,载《法学研究》2020年第1期,第164页。

议的,从宽时应当予以酌减……但由于被害方赔偿请求明显不合理,未能达成调解或者和解协议的,一般不影响对犯罪嫌疑人、被告人从宽处理。"所以,作为律师,应当为当事人和解提供理性的建议,并非要完全促成或不促成当事人和解。

(三)当事人和解时从宽的考量因素

获得被害人谅解时可以从宽,但从宽时法院也会考虑如下几个要素,在此基础上做出综合处理。

第一,犯罪性质及罪行严重。单纯的侵财犯罪,或因民间矛盾激化而引发侵犯人身财产犯罪,或刑事自诉案件,较大幅度地从宽处罚;但罪行越严重,对其从轻处罚的比例一般不得适用最高比例。

第二,谅解原因及真实程度。谅解的正常原因包括赔偿损失、赔礼道歉、认罪悔罪、提供生活帮助、社区义务劳动等,非正常原因包括迫于被告人势力、胁迫或因生活困窘而被迫接受不足额赔偿等。对于正常原因达成的谅解,可以较大幅度地从宽处罚;对于被害人虽表示谅解但谅解的真实程度不高的,法院会严格控制从宽处罚的幅度。

第三,认罪悔罪程度,特别是在初犯、偶犯或犯罪较轻的场合。对于被告人认罪悔罪程度不高,仅仅是因为足额赔偿而获得被害人或其家属谅解的,法院一般不会适用较高的从轻量刑比例。

案例 13-3:曹某过失致人死亡案[①]

一次朋友聚餐,双方因为是否去酒吧发生争吵和肢体冲突,曹某便将朋友白某拽下车弃置路上,自行驾车离去。而醉

---

① 参见《男子过失致人死亡悔罪"刑事和解"被从宽》,载华律网(https://www.66law.cn/laws/242229.aspx),访问时间:2020年12月7日。

酒趴在马路中间的女子白某却遭到一过路汽车的碾轧,经抢救无效死亡。接到报警后,警方根据调查对曹某依法进行了电话传唤,曹某在亲属陪同下到案自首,并如实供述了事发的详细经过。

法院依法公开审理了这起过失致人死亡案。后在案件审理中,被告人曹某的亲属与被害人白某的亲属达成刑事和解协议,赔偿其经济损失 30 万元,取得谅解。《刑法》第 233 条规定:"过失致人死亡的,处三年以上七年以下有期徒刑;情节较轻的,处三年以下有期徒刑……"法院根据被告人曹某的犯罪手段、后果、认罪态度、赔偿谅解等情节,以过失致人死亡罪依法判处其有期徒刑二年,缓刑三年。[1]

(四)当事人和解程序的适用

《刑事诉讼法》第 288 条规定:"下列公诉案件,犯罪嫌疑人、被告人真诚悔罪,通过向被害人赔偿损失、赔礼道歉等方式获得被害人的谅解,被害人自愿和解的,双方当事人可以和解:(一)因民间纠纷引起,涉嫌刑法分则第四章、第五章规定的犯罪案件,可能判处三年有期徒刑以下刑罚的;(二)除渎职犯罪以外的可能判处七年有期徒刑以下刑罚的过失犯罪案件。犯罪嫌疑人、被告人在五年以内曾经故意犯罪的,不适用本章规定的程序。"

第一,对于"因民间纠纷引起,涉嫌刑法分则第四章、第五章规定的犯罪案件,可能判处三年有期徒刑以下刑罚"的理解。此处的民间纠纷做扩大解释,当事人之间发生的因人身、财产权益和其他

---

[1] 参见《男子过失致人死亡悔罪"刑事和解"被从宽》,载河北法院网(http://www.hebeicourt.gov.cn/public/detail.php?id=27552),访问时间:2020 年 12 月 7 日。

日常生活中发生的侵害情形,都归结为民间纠纷。

第二,"可能判处三年有期徒刑以下"的理解。在实践中有两种理解:一是法定最高刑在有期徒刑三年以下的,即刑法分则中规定的法定刑在三年以下的。二是审判机关在审查案件基本案情之后,综合案件的事实、情节和对社会的危害性等,可能判处有期徒刑三年以下的。但从法条解释来看,应当是第二种情形。

第三,和解的对象为双方当事人,即犯罪嫌疑人、被告人与被害人之间达成和解协议。当然,特殊情形下其法定代理人或近亲属也可以和解或代为和解。被害人死亡的,其法定代理人、近亲属可以与犯罪嫌疑人、被告人和解;犯罪嫌疑人、被告人为限制行为能力人的,其法定代理人可以代为和解;犯罪嫌疑人、被告人在押的,经犯罪嫌疑人、被告人同意,其法定代理人、近亲属可以代为和解。

第四,和解协议书的制作。和解协议书一般是公检法机关制作,当事人也可以制作。和解协议书的主要内容包括:①双方当事人的基本情况。②案件的主要事实。③犯罪嫌疑人、被告人真诚悔罪,承认自己所犯罪行,对指控的犯罪没有异议,向被害人赔偿损失、赔礼道歉等。赔偿损失的,应当写明赔偿的数额、履行的方式、期限等。④被害人及其法定代理人或者近亲属对犯罪嫌疑人、被告人予以谅解,并要求公安机关、人民检察院、人民法院对犯罪嫌疑人、被告人依法予以从宽处理,即被害人意见。犯罪嫌疑人、被告人不能及时履行和解协议书的,应提供有效担保,并且经被害人同意。